INSTITUTE OF MANAGEMENT

Succ

TEAMBUILDING

Graham Willcocks en Steve Morris

Deltas

the Institute of Management
FOUNDATION

Het Britse 'Institute of Management' is opgericht om de ontwikkeling, uitoefening en erkenning van professioneel management te promoten. Het instituut houdt zich met alle managementniveaus bezig, van student tot bedrijfsleider.
De reeks 'Succesvol...' verdiept zich telkens in één van de aspecten van het managen.

Voor meer informatie kunt u contact opnemen met:

Department HS
Institute of Management
Cottingham Road
Corby
Northants NN17 1TT
GROOT-BRITTANNIE

Tel.: 01536 20.42.22
Fax: 01536 20.16.51

Originele titel: *Successful Teambuilding in a Week* (Graham Willcocks and Steve Morris)

First published in Great Britain by Hodder & Stoughton Educational

Deze uitgave door: Deltas, België-Nederland.
Nederlandse vertaling: Hajo Geurink
D-MCMXCVIII-0001-577
Gedrukt in de EU
NUGI 684/727

Inhoud

INLEIDING

Teams zijn klaarblijkelijk belangrijk: ze vormen een aandachtspunt voor iedere manager en er verschijnen ontelbare publicaties over. Ze zijn belangrijk op alle niveaus van de managersomgeving: van de werkvloer, waar het werk dag in dag uit hoe dan ook moet doorgaan, tot op het niveau van productontwikkeling, kwaliteitsbewaking en organisatie van de totale onderneming, een niveau dat steeds belangrijker wordt.

Het probleem is echter dat teams een van die dingen zijn waarvan men nogal eens veronderstelt dat ze zichzelf wel regelen: zet een paar mensen bij elkaar, noem hen een team en klaar is Kees. Maar een team is net als een mens. Het wordt geboren, groeit op en bereikt hopelijk het stadium van volwassenheid. Het bezit zijn eigen karakter, zijn eigen behoeften en eigenschappen en volgt zijn eigen, unieke ontwikkelingspatroon.

Ik ben er zeker van dat u een jong kind niet op eigen houtje en zonder enige affectie, steun of leiding zou laten opgroeien. Doet u dat wel, dan kunt u het zeker niet iemand anders verwijten als het kind, wanneer het eenmaal volwassen is, niet helemaal de soort persoon blijkt te zijn geworden waarop u gehoopt had. Met teams is het eigenlijk net hetzelfde. Ook teams hebben steun, leiding en affectie nodig. Ook zij moeten het antwoord weten op de vraag die kinderen zo vaak stellen – waarom? – en een eerlijk antwoord krijgen op andere vragen die rijzen. Ook zij willen en moeten de vrijheid kunnen genieten om, gestuurd door iemand met meer ervaring, hun eigen plaats en rol in het leven te ontdekken en in te vullen.

Als het team zich goed ontwikkelt, wint iedereen erbij. Als het misgaat...

■ Inleiding

Tijdens de week die komt, gaan we na wat de bouwstenen van een succesvol team zijn. We analyseren waarom teams zo belangrijk zijn, zowel voor u, voor de teamleden zelf als voor uw bedrijf of organisatie. We kijken ook wat de fundamenten van een effectief team zijn en hoe het op basis daarvan met succes opgebouwd kan worden.

Waarom eigenlijk al die moeite?

Vandaag zetten we onze eerste voorzichtige stappen in de wereld van teams. Het is tenslotte zondag. Voordat we er morgen stevig tegenaan gaan, is het nuttig om drie vragen te beantwoorden.

De eerste is eenvoudig: wat is een team en waarin onderscheidt het zich van andere groepen mensen?

De tweede vraag luidt: wat levert het op? Wat zijn de voordelen van een team? Waarom is het belangrijk voor de leden ervan, voor uzelf en voor de organisatie? Loont het alle moeite?

En de derde: prima, we doen het... waar en hoe beginnen we?

Positieve antwoorden op deze vragen zullen u ertoe aansporen er alles aan te doen om te slagen in uw opdracht.

Wat maakt een team een team?

Op duizenden plaatsen over het hele land gaan groepen mensen die toevallig op dezelfde plaats werken eens in de zoveel tijd gezellig samen op stap. In zo'n groep zitten altijd wel mensen die elkaar eigenlijk nauwelijks kunnen luchten, zo niet erger. Tijdens het werk proberen ze er echter geen al te grote heibel over te maken, want anders zou het werk eronder te lijden hebben en zouden de spanningen mogelijk hoog oplopen.

Maar dan vindt het uitstapje plaats, en de baas verwacht dat dezelfde mensen de beste vrienden zijn, alleen maar omdat ze toevallig aangenomen zijn voor een baan waardoor ze noodgedwongen in elkaars omgeving werken.

Anders gezegd, zomaar zes of zeven mensen bij elkaar zetten op dezelfde plaats maakt hen nog niet tot een team. Het maakt hen tot zes of zeven personen in dezelfde werkomgeving.

Hetzelfde gebeurt in een commissie. Als u ooit in een commissie hebt gezeten, weet u dat er, als er zich een kwestie voordoet waarover verschil van mening bestaat en er zich twee of meer groeperingen vormen, een stemming wordt gehouden. In een volwassen commissie aanvaarden alle leden de uitslag daarvan als het definitieve en bindende besluit. Het komt echter nogal eens voor dat de groep die de stemming verloren heeft de zaak tracht te saboteren, zodat er niets van terechtkomt. Waarna de verliezers aan de buitenwacht verkondigen er sowieso altijd al op tegen geweest te zijn.

Hier is beslist geen eensgezind team aan het werk. Er kunnen er twee zijn, ja zeker: per ruziënde groepering één. In het gegeven voorbeeld hebben we het dan ook over een commissie. Het is helemaal niet de bedoeling dat het een team is, en er zijn enkele belangrijke verschillen.

Teams zijn speciaal
Een commissie is niet opgezet als een team. Een publiek, menigte of werkgroep al evenmin. Het zijn allemaal niet meer dan groepen mensen die iets gemeen hebben zolang ze bij elkaar zijn, maar die niet werken aan het bereiken van een gezamenlijk doel. Ze kunnen weliswaar onderwerpen van gedeelde belangstelling bespreken of allemaal hun salaris van dezelfde werkgever ontvangen, maar ze hoeven niet eendrachtig samen te werken.

Een commissie – en dan vooral in de politieke wereld, zoals bij de lagere of hogere overheid – is per definitie samengesteld uit tegengestelde groeperingen, die erop uit zijn elkaar te verslaan. Hoewel cynici kunnen beweren dat het soms lijkt alsof sportteams op die manier opereren – met de verdediging en de aanvallers die met elkaar overhoop liggen – zou het in een 'echt' team niet zo mogen zijn.

Dubbelrol
Het managementteam van een middelgroot bedrijf bestond volledig uit personen met een dubbelrol: allemaal waren ze zowel lid van het managementteam als afdelingshoofd. De teamvergaderingen draaiden steevast uit op een strijd om de suprematie tussen de verschillende afdelingen waarvan iedere manager hoofd was: financiën, marketing, productie, enz. Ze wilden meer als eenheid werken en riepen er daarom een bedrijfsconsulente bij. Zij observeerde gedurende zekere tijd de gang van zaken.

Haar eerste aanbeveling was het opheffen van het managementteam en het in plaats daarvan beleggen van afdelingsvergaderingen, waarop het legitiem was om te ruziën over budget, status of personeelsbezetting. Later, zei ze, wanneer ze inzagen wat teamwork echt inhield, zouden ze dan het managementteam opnieuw in het leven kunnen roepen en beide soorten vergadering opnieuw kunnen houden.

Dit voorbeeld illustreert in een notendop het verschil tussen teams en andere soorten groepen. Teams moeten eendrachtig samenwerken om een gezamenlijk doel te realiseren, andere groepen niet.

Vergadercultuur
In de meeste organisaties is er ruimte voor vergaderingen waarbij

- men voor gevestigde belangen kan opkomen.
- men kan beargumenteren waarom de ene afdeling meer geld zou moeten krijgen dan de andere.
- de belangen van het management beschermd kunnen worden.

en tevens voor teamvergaderingen waar

- de aanwezigen samenwerken voor het succes van de organisatie als geheel en ook denken vanuit dit grotere collectief.
- de afdelingsbelangen ondergeschikt zijn aan wat het beste is voor het grotere geheel.
- de onderwerpen die verschillende afdelingen en/of functies aanbelangen, zo behandeld worden dat een competentiestrijd tussen deze afdelingen/functies vermeden wordt.

Actiepunt

Kijk eens kritisch naar de teams waarmee u te maken hebt. Zijn het echt teams of alleen maar groepen? Verdienen ze het predikaat 'team' of zouden ze anders genoemd moeten worden?

Dit is allesbehalve zo triviaal als het misschien klinkt. Mensen koesteren nu eenmaal verwachtingen ten aanzien van teams en het benoemen van iets, kweekt verwachtingen. Als je mensen vraagt naar teams in een organisatie waar het 'managementteam' in feite niet meer dan een verzameling afdelingshoofden is, zullen ze waarschijnlijk antwoorden dat het management allerminst een team is.

Een nuttige tip: noem iets altijd bij de naam die het feitelijke doel ervan weerspiegelt.

Noem het geen team als het er geen is. Werken de leden daarentegen samen aan een gemeenschappelijk doel, probeer er dan op de een of andere manier de benaming 'team' tussen te krijgen. Het maakt een groot verschil uit voor de verwachtingen die men ervan koestert en kan het ontwikkelen van een echte teamfilosofie vergemakkelijken.

In een team wint of verliest iedereen. In een voetbalelftal kan er een speler tussen zitten die amper de bal aanraakt, maar hij maakt nog steeds deel uit van het winnende team. En als het team verliest, troost iedereen elkaar en kijkt men uit naar een kans om de volgende keer een beter resultaat te behalen.

Uit het voorgaande kunt u opmaken dat het met een groep mensen een 'team' te noemen geenszins gedaan is. Er komt heel wat analyseren bij kijken en er zal hard aan gewerkt moeten worden. Voordat we daar morgen aan beginnen, zullen we echter eerst nog nagaan wat voor voordelen een team u zoal te bieden heeft. Want waarom zou u tenslotte veel moeite doen als het u toch niets oplevert?

Wat zijn de voordelen?

Hoe zou u de job van een manager rechtvaardigen, wat is het doel ervan? Het gaat niet om wat u doet, evenmin om welke specifieke capaciteiten vereist zijn. Simpelweg: waarom zijn er überhaupt managers?

Een gangbare visie is dat een manager er door het laten presteren van anderen voor zorgt dat er resultaten worden behaald. Die 'anderen' kunnen individuele medewerkers, groepen of teams zijn.

Stel u eens voor dat u goede resultaten probeerde te halen louter met onafhankelijk van elkaar werkende individuen... het zou een zootje worden. Het zou onvermijdelijk leiden tot misverstanden, het wegvallen van alle vertrouwen en communicatie en belabberde persoonlijke relaties. Anders gesteld, niet alleen de individuele medewerkers zijn belangrijk, maar er zal ook aan teambuilding gedaan moeten worden.

Actiepunt

Analyseer eens voor uzelf welke voordelen een team te bieden heeft ten opzichte van onafhankelijk werkende personen. In welke opzichten zou een team juist effectiever zijn?

Op hoeveel van de zaken die bij de hieronder opgesomde titels vermeld worden bent u gekomen? Wat voor andere punten hebt u nog bedacht?

Voor sommige dingen zijn er verschillende specialisten nodig

Tenzij één persoon alle voor de taak benodigde specifieke capaciteiten en kennis bezit, loont het om een team te hebben. Als één duizendpoot het hele karwei alleen kan klaren, valt uiteraard te overwegen hem het ook alleen te laten opknappen. Teams doen er pas toe als ze echt het verschil maken. Het is zinloos om ze te hebben alleen maar omdat het in de mode is.

Wacht er daarentegen een taak of project waarvoor zowel een rekenknobbel als praktische denkers en mensen met talent voor rapporteren vereist zijn, dan loont het beslist om de specialisten bij elkaar te brengen en tot een team te kneden.

■ Zondag

Teams verminderen de complexiteit
Stel dat u wilt dat iedereen meehelpt met het laden van een bestelwagen. Als u aan de klus begint zonder als team overlegd te hebben wie wat doet en wanneer en in welke volgorde, zult u van moment tot moment alle helpende handen gedetailleerde instructies moeten geven. En het zal, jammer maar helaas, vrijwel zeker op chaos en verhitte gemoederen uitdraaien.

Een team dat van tevoren overlegd heeft over de werkwijze, zal daarentegen bijna zeker alle details oplossen met relatief weinig commotie en de operatie zal vlot verlopen. Eventuele knelpunten zullen efficiënt uit de weg geruimd worden.

Gevarieerde ideeën en invalshoeken
Zodra er meer dan één persoon nadenkt over een probleem of kwestie beginnen de ideeën elkaar te bevruchten. Het ene lid van het team heeft eerder een soortgelijk probleem gehad en kan dus uit ervaring spreken, terwijl een ander er juist fris tegenaan kijkt en daardoor misschien vanuit een andere invalshoek op een verrassend idee komt.

Persoonlijke omgang

Een team heeft ook in emotioneel opzicht voordelen. De leden beginnen elkaar te steunen en aan te moedigen, leren elkaar beter begrijpen en communiceren effectiever, ook al werken ze in het team niet direct samen. Bij persoonlijke problemen is het vaak een opluchting om erover te kunnen praten met iemand die men vertrouwt en respecteert, bijvoorbeeld een ander teamlid.

Het klinkt misschien weekhartig, maar mensen hebben behoefte aan warmte en het gevoel door dik en dun gesteund te worden, ook of juist zeker op het werk. Een team creëert mee dat essentiële emotionele kader.

Een team vergemakkelijkt de training

Een nieuw toetredend lid wordt door het team wegwijs gemaakt en behoed voor fouten.

Stel dat er een nieuwe werknemer bij u in dienst treedt. Als het in uw bedrijf de gewoonte is dat iedereen zijn eigen boontjes maar

moet doppen, zullen de anderen staan toekijken terwijl de nieuweling de verkeerde papieren invult, het verkeerde doet of het verkeerde antwoord geeft, want iedereen wordt tenslotte aan zijn eigen lot overgelaten.

In een team daarentegen zal iemand zonder dralen naar voren stappen en de nieuweling corrigeren. Daardoor worden fouten vermeden en blijft u alle eventuele ellende bespaard.

Betere besluiten

Niemand weet alles, en een gezamenlijk besluitvormingsproces kan – zoals bij het genereren van ideeën eerder in deze opsomming – invalshoeken aandragen waaraan u anders wellicht niet zou hebben gedacht.

Er is echter nog een voordeel. Emotionele dieren als ze zijn, vinden mensen – of althans sommigen dan – het niet leuk wanneer u een besluit neemt en het hun oplegt. Het maakt daarbij niet uit of het een verstandige beslissing is; wat telt, is dat het úw besluit is en niet dat van hen. Dit betekent uiteraard nog niet dat dan meteen de democratie in uw bedrijf hoogtij viert, wel dat het, waar gepast en relevant, loont om het team in de besluitvorming te betrekken.

En al niet minder belangrijk: als de teamleden een aandeel in het nemen van de beslissing hebben gehad, zullen hun inspanningen vele malen groter zijn. Stel u eens voor: in plaats van hen op te jutten, moet u hen misschien wel afremmen... Ook wie niet helemaal overtuigd is, zal meer bereid zijn mee te gaan in een besluit waaraan hij bijgedragen heeft en het mogelijk verdedigen ten opzichte van derden (vergelijk dat eens met het eerdere commissievoorbeeld).

Wat levert het hen op?

Nu weet u wat de voordelen van een team voor uzelf zijn. Hoe zit het met de teamleden zelf en het bedrijf?

Voor de teamleden
De voordelen voor de teamleden zelf zijn de volgende:

- Grotere persoonlijke betrokkenheid en zeggenschap
- De kans om echt een rol te spelen in de vorming en uitvoering van besluiten
- Toegenomen motivatie en grotere werkbevrediging
- Interessanter werk
- De eerder al besproken voordelen in sociaal en emotioneel opzicht

Zit er ook maar iets tussen wat úw succes als manager in de weg zou kunnen staan? Natuurlijk niet, integendeel zelfs. Gun uw mensen deze voordelen en u wint er samen met hen bij.

Voor de organisatie
Dit hoeft vermoedelijk geen verdere uitleg meer. Vergelijk eens deze twee situaties: in de ene worden teams ontmoedigd en in de andere aangemoedigd.

Welke van beide situaties zal, denkt u, effectiever, succesvoller en dynamischer zijn?

Waar en hoe beginnen we?

U hoeft niet op stel en sprong allerlei geforceerde maatregelen te treffen. U begint gewoon bij hoe het er op dit moment voor staat, maar met een helder idee van wat een team tot een team maakt en waarom het belangrijk is. Besef daarbij dat teambuilding tijd vergt.

Terwijl het samenstellen van een *groep* bij wijze van spreken tussen neus en lippen door kan gebeuren, is het belangrijk om in te zien dat een *team* niet meteen al vanaf dag 1 op volle kracht werkt. Het steekt van wal als een verzameling mensen en ontwikkelt zich geleidelijk aan tot een coherent team. U betreedt, als teamkapitein, de brug. Uw rol is het team op koers te houden en het in dusdanige vaarwateren te loodsen dat het de veilige haven binnenvaart. Waarbij u geen moment uit het oog verliest dat u zelf ook een lid van de teambemanning bent.

Volgens die idee werd de week ingedeeld. Na de inleiding van vandaag kijken we morgen naar de hoofdpunten, waarna we in de resterende dagen van de week de belangrijkste facetten van teams gedetailleerder onder de loep nemen. Wacht indien mogelijk totdat alle relevante kanten van het teamgebeuren de revue zijn gepasseerd voordat u iets in de praktijk brengt. Op zaterdag kunt u dan, gewapend met de nodige kennis, ideeën en visie, het teambuildingsproces daadwerkelijk opstarten.

Samenvatting

Vandaag hebben we stilgestaan bij de vraag wat nu precies een team is. We zijn nagegaan wat voor voordelen het biedt voor u als teamleider, voor uw organisatie en uw medeteamleden. U bent er nu klaar voor om gedetailleerder te kijken naar het hoe en wat van een succesvol team. Dat is ons agendapunt voor morgen.

MAANDAG

Hoe uw team er momenteel voor staat

Gisteren hebben we besproken waarom teams speciaal zijn, waarin ze zich van andere soorten groepen onderscheiden en waarom een team voor alle betrokkenen hun job zoveel succesvoller kan maken. Vandaag gaan we na wat de kenmerken van een voortreffelijk team zijn en evalueren tegen die achtergrond hoe uw bestaande team het er momenteel van af brengt.

De idee achter deze aanpak is eenvoudig en nogal logisch. Als u van plan bent te gaan werken aan het verbeteren van de manier waarop uw team opereert, moet u natuurlijk weten over welke verbeteringen het gaat. U moet daarvoor de volgende drie dingen weten:

1 Hoe goed *zou* het team *kunnen* opereren?
2 Hoe staat het er *op dit moment* voor?
3 Wat is de kloof tussen hoe het *nu* gaat en hoe het zou *kunnen* en *moeten* gaan?

Pas na beantwoording van die vragen kunt u een actieplan voor het overbruggen van de kloof opstellen. Maar u hoeft het vanzelfsprekend niet alleen te doen – het is bij uitstek een klus voor het team als geheel.

De manier waarop uw team *zou kunnen* opereren

U weet inmiddels dat een team zich onderscheidt door twee essentiële punten:

- De teamleden hebben een gezamenlijk doel.
- Ze werken met elkaar samen en steunen en helpen elkaar.

Die ogenschijnlijk eenvoudige uitspraken duiden de factoren aan die het verschil uitmaken tussen een voortreffelijk team en de andere teams. De volgende dagen staan we er gedetailleerder bij stil, maar schrik niet: u hoeft deze factoren waarschijnlijk niet allemaal aan te pakken.

Kortom, evalueer uw huidige team op de onderstaande punten. Vermoedelijk constateert u dat er aan sommige daarvan harder getrokken zal moeten worden dan aan andere. Allereerst dient u natuurlijk te weten welke de factoren zijn en wat ze inhouden, in ieder geval globaal gezien.

De lijst omvat zes factoren:

- Eind- en procesdoelstellingen
- Het juiste soort leiderschap

■ Maandag

- Elkaar aanvullende capaciteiten en rollen in het team
- Een atmosfeer van eerlijkheid en openheid
- Werkmethoden die in die atmosfeer gedijen
- Inventarisatie van hoe de individuele leden en het team het er afbrengen

Eind- en procesdoelstellingen

Een voortreffelijk team heeft duidelijke en gemeenschappelijke einddoelen en procesdoelen. Vraag willekeurig welk teamlid wat het doel is en hij kan het u vertellen.

De hamvraag is of iedereen hetzelfde beeld van de *bestaansreden* van het team heeft. Het kan enige tijd geleden begonnen zijn met een duidelijk doel – bijvoorbeeld het oplossen van een specifiek probleem of het uitvoeren van een speciaal project – maar is dat oogmerk ook nu nog steeds gangbaar? Dingen veranderen nu eenmaal in de loop van de tijd. Zijn de eind- en procesdoelen mogelijk gaandeweg subtiel gewijzigd zonder dat dit expliciet geformuleerd werd?

Als u wilt dat mensen door hun teamwork succes boeken, dienen ze te weten waarvoor ze zich gezamenlijk inspannen. Veronderstel nooit zomaar dat iedereen uw visie deelt. Denk maar eens terug aan uw eigen ervaringen als lid van een team. Er zullen vrijwel zeker momenten zijn geweest waarop u zich afvroeg waarmee u in hemelsnaam bezig was. Wie weet hebt u dat zelfs wel helemaal nooit geweten, omdat de kwestie nooit aangeroerd werd, of wellicht was het doel ongemerkt gewijzigd.

Hoe dan ook is de kans groot dat u in die situatie uw eigen versie hebt bedacht en te werk bent gegaan vanuit gissingen en veronderstellingen. Misschien had u het bij het rechte eind, maar gissen is natuurlijk nooit te rechtvaardigen als een gezonde basis voor een belangrijke managementactiviteit!

In een voortreffelijk team weet iedereen het, omdat iedereen het erover heeft. Helaas bezitten de meesten van ons geen telepathische gaven. Het is daarom van cruciaal belang dat de eind- en procesdoelen van het team duidelijk zijn en door alle betrokkenen begrepen worden.

Het juiste soort leiderschap

De effectieve teamleider maakt deel uit van het team en is geen buitenstaander die regels oplegt of zich als autocraat opstelt.

Maandag

De teamleider zet de toon. Vergelijk het met de sportwereld. Elk sportteam heeft een aanvoerder. Die staat niet langs de zijlijn de anderen toe te brullen, maar speelt zelf mee in het team en deelt in gelijke mate in het welslagen of het falen. Hij luistert goed naar de andere spelers en geeft hun steun en feedback. De aanvoerder verdient niet als enige alle lof dan wel kritiek. Voor een buitenstaander is het verschil tussen de aanvoerder en zijn medespelers niet altijd even duidelijk.

Met teams op het werk is het hetzelfde. Er doen zich dezelfde soort kwesties voor, en de manier waarop de leider zich gedraagt, heeft evenveel impact als op het sportveld.

Elkaar aanvullende capaciteiten en rollen

In een voortreffelijk team zijn alle capaciteiten verenigd die nodig zijn voor het bereiken van het doel. Anders gezegd, het is een samenwerkingsverband van mensen met ieder een verschillende stijl, aanpak en bijdrage.

Aan het opereren van een team zitten twee kanten.

De ene kant is '*wat* het team doet': de activiteiten die de leden ieder voor zich uitvoeren om de procesdoelen te realiseren. Daarbij gaat het vaak om specifieke taken, bijvoorbeeld plannen, verkopen of produceren, allemaal functies die de teamleden ook zouden uitvoeren als het team niet bestond. De kracht van een team is dat al die verschillende capaciteiten gebundeld zijn.

De andere kant is '*hoe* het team het doet': de gevolgde werkwijzen en procedures. Er moet iemand zijn die de teamvergaderingen organiseert en ze naar behoren leidt, een tweede die details uitzoekt, een derde die het grotere overzicht bewaart of verfrissende nieuwe ideeën aandraagt. Helaas verenigt niemand al die kwaliteiten in zich.

Een atmosfeer van eerlijkheid en openheid

In een voortreffelijk team kunnen alle leden zeggen wat ze denken of vinden, zonder anderen de grond in te boren of zelf afgesnauwd te worden.

Dat is makkelijker gezegd dan gedaan. Het druist in tegen de veelal normale gang van zaken tussen mensen die met elkaar werken. De ideale organisatie heeft een cultuur waarin geen barrières tussen afdelingen of secties bestaan en iedereen zich een deel van het grotere team voelt. Men gaat met elkaar om alsof men elkaars klant is en geeft en krijgt eerlijke feedback over successen en problemen. Helaas gaat het in de praktijk maar al te vaak allerminst zo.

Als u ooit iemand hebt horen opmerken

- Sorry, dat is mijn probleem niet.
- O, daarvoor moet je niet bij mij maar bij die en die zijn.
- Het zou weer eens niet de '!@%!' boekhouding zijn!
- Maak je niet druk... dat moet de afdeling verkoop maar regelen.

dan weet u hoe het er in de praktijk aan toe gaat.

Het gevolg van een cultuur als deze is dat werknemers er bijna toe aangemoedigd worden ten koste van elkaar punten te scoren. Andersom verwacht men zelf ook te pakken genomen te worden. Dat leidt er begrijpelijkerwijs toe dat men terugdeinst om te zeggen wat men echt vindt en nauwelijks nog onbevooroordeeld naar elkaar luistert. Iedereen trekt zich terug in de loopgraven en bewaart zijn kruit voor het moment waarop de strijd in alle hevigheid zal losbarsten.

Stel u voor hoe een team zou opereren wanneer de teamleden dat soort emotionele bagage met zich mee torsen. Geen vertrouwen, geen wederzijdse steun, een klimaat van oneerlijkheid en pogingen om de oppositie de loef af te steken.

Werkmethoden die gedijen

Een voortreffelijk team hanteert benaderingen, technieken en procedures die vlekkeloos aansluiten bij de juiste soort leiding, het klimaat van eerlijkheid en vertrouwen en het besef dat ieder zijn persoonlijke capaciteiten heeft in te brengen en een complementaire rol vervult.

Het zou volslagen zinloos zijn om hard te werken aan het totstandbrengen van een klimaat van openheid en vertrouwen wanneer u, de teamleider, vervolgens komt binnenstormen om de anderen even snel te vertellen wat ze moeten doen en hoe.

De resterende factoren op de lijst hebben betrekking op een klimaat waarin:

- Elk teamlid belangrijk is.
- De 'baas' niet de baas maar een medeteamlid is.
- Binnen het team een geest van wederzijds vertrouwen en elkaar helpen bestaat.

De manier waarop het team te werk gaat – de te volgen procedures en afspraken – moet dat weerspiegelen. Voor iedereen moet het 'samen doen' vanzelfsprekend zijn. De daad moet bij het woord gevoegd worden.

De bedoelde procedures betreffen onder meer de manier waarop vergaderd en een besluit genomen wordt en de aanpak van problemen. Mocht er een discrepantie bestaan tussen hoe de teamleden zelf vinden dat het in de praktijk gaat en allerlei mooie woorden over hoe geweldig open het team toch is, dan zal dat onloochenbaar doorschemeren. De realiteit is de genadeloze toetssteen voor lege slogans.

De daadwerkelijk gehanteerde procedures moeten, kortom, aan de cultuur en de waarden van het team beantwoorden.

Inventarisatie

> Een voortreffelijk team blijft alleen voortreffelijk wanneer men kritisch inventariseert en evalueert wat men doet en gedaan heeft en op basis daarvan er altijd weer naar streeft het nog beter te doen.

'Hoe doen we het?' Een eenvoudige vraag, maar ook een die niet vaak genoeg wordt gesteld. U vindt het misschien allemaal vanzelfsprekend, maar juist de dingen vlak onder onze neus zien we nogal eens over het hoofd. Met onze blik op de verre horizon vergeten we waar het echt om gaat. Willen we effectief blijven in een veranderende wereld, dan is het alleszins verstandig om regelmatig die vraag te stellen.

De antwoorden op de vraag zullen doorgaans inzoomen op het team als geheel. Anderzijds kan het soms ook gebeuren dat één van de teamleden bijvoorbeeld de wens kenbaar maakt meer te willen, zodat hij zich tot een effectiever radertje in het collectief kan ontwikkelen.

De enige manier om het beter te doen, is beginnen met de manier waarop we het nu doen. De ervaring is onze beste leermeester, maar dan moeten we ook inderdaad zo nu en dan pas op de plaats maken en evalueren wat we van de ervaring kunnen leren. Ik neem aan dat niemand van ons de spreekwoordelijke ezel wil zijn. Toch bestaat voor ieder van ons het gevaar dat we, wanneer we onder druk staan en nog zoveel te doen hebben, overhaast conclusies trekken en ondoordacht handelen.

Het alternatief kost wel wat meer tijd, maar loont dubbel en dwars:

- Analyseer wat er gebeurd is.
- Stel vast waarom het gebeurd is.
- Neem u voor de goede dingen te herhalen.
- Neem u voor de dingen die fout gingen te vermijden.
- Probeer de nieuwe benadering en herhaal de evaluatieprocedure.

Hoe staat uw team er momenteel voor?

Nu u weet wat de criteria voor een prima team zijn, kunt u uw huidige team daaraan toetsen. Daardoor krijgt u een tamelijk duidelijk beeld van hoe u en uw mensen het ervan afbrengen, zolang u:

1. Volstrekt eerlijk bent.
2. Veronderstellingen absoluut vermijdt; weet u het niet zeker, ga dan niet gissen.
3. Zeker weet dat alle anderen de dingen precies hetzelfde zien als u.

Weet u het niet zeker? Dan kunt u voorlopig het beste op uw eigen visie afgaan. Gedurende de rest van de week gaan we gedetailleerder in op elke factor, zodat u wellicht op de zaak zou vooruitlopen als u die dingen nu al in de groep zou gooien. Vergeet bij het doorlopen van de volgende checklist in ieder geval niet aan de drie bovenstaande punten te denken.

Actiepunt

Kies een team uit waarmee u werkt. Ideaal zou een team zijn dat u leidt, maar als u nog aan uw eerste team moet gaan bouwen, neemt u er een waarvan u deel uitmaakt.

Geef het team voor elk van de factoren het rapportcijfer dat het in uw ogen verdient. 1 is ronduit belabberd, of nooit, en 10 is volmaakt, of altijd.

Geef een cijfer tussen 1 en 10

- Iedereen weet precies wat de eind- en procesdoelen van het team zijn.
- De teamleider is in zijn stijl en benadering helemaal niet autocratisch, maar laat iedereen meedenken en -beslissen.
- De teamleden bezitten gezamenlijk alle capaciteiten en vaardigheden die het team nodig heeft.
- Het klimaat in een team is er een waarin men altijd open en eerlijk is en niets achterhoudt.
- De teambesprekingen helpen ons als een echt team te opereren.
- We stellen onszelf geregeld de vraag: 'Hoe doen we het als team?'

De volgende stappen

Analyseer de uitkomsten van de checklist en stel voor uw team een volgorde van prioriteiten vast. Dat geeft u een goed vertrekpunt voor een actieplan. Als slechts twee of drie punten dringend aandacht behoeven, betekent dat natuurlijk nog niet dat u de rest gewoonweg kunt vergeten. Ze doen er toch nog steeds toe en kunnen altijd verbeterd worden, al is het misschien niet meer dan marginaal.

Maandag

Mijn prioriteiten zijn:

1

2

3

4

5

6

Als u al een team leidt en het zelfs nog beter wilt maken, vertelt uw prioriteitenlijst u wat u waarschijnlijk al wel vermoedde, maar waarop u tot dusver niet de vinger kon leggen. Naar alle waarschijnlijkheid hoeft niet alles prioriteit te krijgen. De procesdoelen kunnen bijvoorbeeld duidelijk zijn, terwijl het klimaat waarin eerlijkheid en openheid duidelijk aanwezig moeten zijn, daarentegen te wensen overlaat.

Als u van plan bent een team te beginnen, hebt u nu enig idee van de belangrijkste punten waarop u dient te letten. De rest van de week bekijken we de diverse factoren gedetailleerder en kunt u dus uw kennis verdiepen. Anderzijds zult u zelf al wel weten wat uw sterke en zwakke punten zijn waar het bij het leiden van een team om gaat. Door dat inzicht weet u waarop u zich extra moet concentreren.

Samenvatting

Vandaag zijn we nagegaan hoe goed uw team het *nu* doet en hoe goed het *zou kunnen* opereren. We hebben uw team beoordeeld op basis van de score die het haalt op zes zeer belangrijke factoren en hebben daarna de prioriteit toegekend aan de factoren waarvoor uw team zwak scoort.

Morgen beginnen we met gedetailleerd te kijken naar wat voor actie u kunt ondernemen om aan uw prioriteiten te werken.

Volg mijn leider

Vandaag gaan we nader in op twee hoofdfacetten van teams: leiderschap en doelstellingen. Ieder succesvol team heeft een leider nodig die alles vaardig coördineert en een duidelijk idee van doel en richting heeft.

De teamleider

De eerste vraag die rijst, luidt: wat kenmerkt een effectieve teamleider? De beste benadering hiervan is nagaan wat voor u van belang zou zijn wanneer u wel lid, maar niet de leider van het team zou zijn. Waaraan u waarde hecht, zal vrijwel zeker ook voor anderen van belang zijn, vermits mensen opmerkelijk consistent zijn in dit opzicht.

Denk daarom eens na over de eigenschappen en capaciteiten die u zou waarderen bij een leider onder wie u werkt. Houd er daarbij rekening mee dat we het hier over een *team* hebben en niet over willekeurig enige andere groep.

Wie van beide personen die hieronder omschreven worden, is volgens u een efficiëntere leider van een team waarvan u deel uitmaakt?

a Iemand die de absolute leiding heeft en
- net genoeg informatie verstrekt om dingen gedaan te krijgen.
- een heleboel informatie en feiten achterhoudt, zodat hij de belangrijke beslissingen zelf kan nemen.
- iedereen precies vertelt wat men moet doen en hoe men het moet doen.

b Iemand die als gelijkwaardige collega tussen de anderen staat en
- alle beschikbare informatie doorspeelt.
- participatie en gezamenlijke besluitvorming aanmoedigt.
- de teamleden de toelating geeft om details zelf uit te werken.
- het vermijdt alles strak in de hand te houden.

Als u terugdenkt aan wat we gisteren hebben besproken, is het tamelijk duidelijk dat persoon b de juiste eigenschappen van een teamleider vertoont. Persoon a past helemaal niet in een teamgeest, hoewel hij op zijn plaats zou kunnen zijn in groepen die geen teams zijn.

Actiepunt

Denk na over de volgende tien uitspraken en geef uzelf zo eerlijk mogelijk voor elk ervan een cijfer tussen 0 en 50. Vergelijk indien mogelijk uw eigen opinie met die van een vriend of collega die u eerlijke feedback geeft.

- Ik weet precies wat ik wil bereiken. ☐
- Ik vertel de rest van de groep wat mijn eind- en procesdoelen zijn. ☐
- Ik ben loyaal aan mijn team en de individuele leden ervan en verdedig hen zo nodig tegen de buitenwacht. ☐
- Ik vertrouw op het team en zijn afzonderlijke leden. ☐
- Ik delegeer graag, zodat de teamleden leren en zich verder kunnen ontwikkelen. ☐
- Ik ga de problemen niet uit de weg, maar zie de feiten onder ogen. ☐
- Ik zwaai het team en de teamleden lof toe wanneer die hun toekomt en geef hun eerlijk en openhartig feedback over de punten waar het niet goed gaat. ☐
- Het vervult me met blijdschap en trots wanneer ik zie dat het team en de teamleden uitstekend presteren. ☐
- Ik zorg ervoor dat het team duidelijke richtlijnen heeft. ☐
- Ik vind dat werken zo plezierig mogelijk moet zijn en dat een bevredigende baan voor iedereen belangrijk is. ☐

Voor de meeste mensen zijn dit de soort eigenschappen van een goede teamleider die ze echt respecteren en waarderen. Het betekent dat de teamleden zich dan op hun beurt uit de naad zullen werken voor iemand zoals deze persoon, iemand voor wie ze uit respect optimaal willen presteren en niet zozeer uit vrees of onder dwang.

Een score van 50 voor elke uitspraak zou leuk zijn, maar is onrealistisch. Iedereen bezit nu eenmaal bepaalde sterke en zwakke kanten. Ervan uitgaande dat 30 een voldoende is, weet u nu op grond van uw scores in welke opzichten u wellicht nog wat te sleutelen hebt aan uw leidinggevende stijl in teams. Een score hoger dan 30 betekent overigens nog niet dat u volmaakt bent. Leun dus niet zelfvoldaan achterover. Werk simpelweg allereerst aan wat het hardst nodig is.

Begin met het opstellen van een strategie om uzelf te verbeteren waar dat het hardst nodig is. Een goed idee is ook om de hele kwestie van uw stijl van leidinggeven te bespreken met de rest van het team, bijvoorbeeld op zaterdag aan het eind van de training. De teamleden zijn tenslotte de eerste belanghebbenden bij uw werkwijze, en hun mening kan u daarom waardevolle informatie opleveren.

Manager of leider?

Dit is een belangrijke kwestie om eens grondig te bekijken. Management houdt vaak controle, supervisie en het doen gelden van gezag in. Bij leidinggeven staan daarentegen warmte, eerlijkheid en de ontwikkeling van saamhorigheidsgevoel centraal.

Hoewel er veel onderzoek is gedaan naar de verschillen tussen leidinggeven en managen, heeft tot dusver nog niemand het probleem echt kunnen oplossen. Eén van de benaderingen is bijvoorbeeld: je managet van bovenaf, maar kunt alleen leiden als je er zelf middenin staat. Management is iets dat voortvloeit uit de functieomschrijving. Leiderschap daarentegen is iets dat anderen je toekennen.

Als u nagaat wie in uw organisatie de echte leiders zijn, stelt u onveranderlijk vast dat het geenszins de personen aan de top van de hiërarchie zijn. Het kan iemand in de frontlinie zijn die het op de een of andere manier voor elkaar krijgt dat de andere medewerkers maximaal presteren. Misschien is het degene die ze als hun vertegenwoordiger in de ondernemingsraad hebben gekozen, omdat ze hem vertrouwen en respecteren.

Leiders hoeven zodoende geen managers te zijn... en zijn het vaak ook niet. Maar managers moeten wel altijd leiders zijn, al was het alleen maar omdat ze leiding moeten geven aan teams en ze niet moeten managen. Het maximale uit de andere teamleden halen is de kerntaak van iedere effectieve teamleider. Dat staat of valt met vertrouwen, eerlijkheid, openheid en respect – en dit in beide richtingen.

Wie weet bestaan er inderdaad geboren leiders, die het zonder schijnbare moeite klaarspelen dat anderen hun leiding volgen. Goed om te beseffen is dat de meesten van hen daar evengoed aan gewerkt hebben. Wilt u de soort leider worden die het beste uit een team haalt, dan zult u aan uw eigen stijl en aanpak moeten werken. Het betekent dat u de alleenheerschappij opgeeft en het gezag deelt, en eveneens deelt in het gezamenlijk welslagen en falen. Dat is niet gemakkelijk, maar wanneer het eenmaal op de rails staat, zult u zo tevreden zijn met de resultaten dat het vanzelf steeds gemakkelijker gaat.

In de lijst van de tien leiderseigenschappen ging het bij enkele om het weten wat u wilt bereiken en het duidelijk maken daarvan aan de rest van het team. Nu u aan uw eigen rol bent beginnen werken, is deze kwestie van eind- en procesdoelen de eerste stap op weg naar een sterk en hecht team.

Besef van richting

De essentie van het team dat we voor ogen hebben en dat we volop aan het ontwikkelen zijn, is dat individuele teamleden samenwerken voor een gemeenschappelijk doel.

De einddoelen van het team en enkele duidelijk omschreven procesdoelen zijn derhalve belangrijk, omdat:

- u de reis alleen kunt plannen en voltooien wanneer u weet wat de bestemming is.
- zonder eind- en procesdoelen iedereen zijn eigen richting inslaat en het team uit elkaar valt naarmate de verwarring, de misverstanden of zelfs de rivaliteit toenemen.
- een team ook bestaat wanneer de teamleden niet samen zijn. Aan het einde van een werkbespreking houdt een team niet op te bestaan. De individuele leden werken zelfstandig verder aan het realiseren van de doelen van het team en iedereen dient dan ook goed te weten wat zijn rol en taken zijn.

Het schrijversteam

Met betrekking tot het onderwerp van teamleden die zo nu en dan op hun eentje werken, vindt u een voorbeeld vrij letterlijk onder uw neus. Het team dat de oorspronkelijke Engelse uitgave van dit boek gemaakt heeft, werkt verspreid over heel Groot-Brittannië – de een in Wales, de ander in Londen, de uitgever in weer een ander deel van Londen, enz.

Uiteraard hebben we in besprekingen duidelijke specificaties opgesteld en uitgewerkt wie wat zou doen, en wanneer, en hoe de teamleden elkaar zouden helpen. Hoewel de medewerkers dus het grootste deel van de tijd niet lijfelijk in elkaars buurt waren, communiceerden ze met elkaar en werkten samen aan een gemeenschappelijk doel en enkele duidelijk omschreven procesdoelen.

Geen eind- of procesdoelen hebben, is hetzelfde als van een voetbalelftal verlangen dat het een doelpunt scoort terwijl er geen doelpalen zijn en het bovendien geheim is hoe vaak er precies gescoord moet worden om te winnen.

Weten waar u naartoe gaat

De meesten van ons hebben wel eens in een team gezeten waarvan we niet honderd procent zeker wisten waarom het er eigenlijk was of wat het te doen stond, simpelweg omdat niemand de moeite had genomen het team te ontbinden nadat het oorspronkelijke doel gerealiseerd was.

Een eenvoudige benadering van deze kwestie is terugdenken aan teambesprekingen waaraan u in het verleden niet als leider, maar als 'gewoon werkend' lid van het team hebt deelgenomen.

Actiepunt

Denk terug aan een team waarin u gezeten hebt en waarvan het doel niet duidelijk was. Hoe hebt u dat ervaren en hoe effectief was het team in het behalen van resultaten?

■ Dinsdag

Vermoedelijk herinnert u zich hoe vaak u en de andere teamleden erover klaagden naar besprekingen te moeten, omdat ze volstrekt zinloos leken en er toch niets mee bereikt werd. Bij het binnenkomen mompelden u en de anderen wellicht iets in de trant van: 'Ik zie het nut er niet van in' of 'Waarom doen we dit?' Als de tegenzin dat dieptepunt heeft bereikt, is het team ofwel morsdood of dient het dringend gereanimeerd te worden. Het is zinloos om de teamleden zonder commitment verder te laten aanmodderen.

Plaats u nu in de schoenen van een team dat u leidt en evalueer hoe goed alle medewerkers weten wat van hen wordt verwacht. Veronderstel niet dat ze het wel zullen weten alleen maar omdat u het weet!

Als een team geen duidelijke doelen heeft om aan te werken, zijn daar waarschijnlijk twee redenen voor:

- Ze zijn er doodgewoon niet. Ofwel zijn ze er nooit geweest, ofwel zijn ze er wel geweest maar in vergetelheid geraakt nadat enkele van de procesdoelen waren bereikt.
- Er wordt verondersteld dat iedereen het wel weet.

Schrijf voor het begin van uw volgende teambespreking op wat in uw ogen het doel van het team is, wat het moet bereiken. Vraag vervolgens bij het begin van de bespreking aan de andere teamleden om hun versie op te schrijven en vergelijk na afloop de resultaten. De overeenkomsten of verschillen reiken u waardevol materiaal aan om over te discussiëren op zaterdag, wanneer u het debat met de rest van het team opent.

Bij twijfel of verwarring rust de verantwoordelijkheid voor het ophelderen van de teamdoelen bij u. U hoeft niet alle details uit te puzzelen, maar het is als teamleider uw taak ervoor te zorgen dat iedereen aan dezelfde algemene doelen werkt. Wees overigens op uw hoede voor een valkuil: verzin geen doel om toch maar vooral een doel te hebben. Als het team werd opgericht om iets te doen en de klus is geklaard, zet er dan feestelijk een streep onder en concentreer u verder op teams die nog wel belangrijk werk te doen hebben.

Eind- en procesdoelen

Hoewel u terdege beseft dat het belangrijk is om het team zoveel mogelijk in de besluitvorming te betrekken en zelf de eigen werkzaamheden te laten plannen, bent en blijft u degene die het team in het leven hebt geroepen, omdat er kennelijk een karwei is dat het volgens u kan verwezenlijken. Maar bij het allereerste begin weet alleen u wat dat is en weten de teamleden dat niet.

Actiepunt

Denk na over een team dat u vrij recent op poten hebt gezet. Wat was het doel? Wat moest het bereiken?

Dat doel is het uiteindelijke mikpunt dat u uzelf stelde, vermoedelijk zelfs nog voordat u zich omringde met de medewerkers die samen het juiste team zouden vormen. De eerste stap zodra u iedereen in dezelfde kamer bijeen hebt – er even van uitgaande dat men elkaar kent en niet voorgesteld hoeft te worden – is dan ook duidelijk maken waarom men daar is.

Dinsdag

De reden waarom we als team gaan werken, is dat we...

Stop hier. Laat het bezinken en vergewis u ervan dat iedereen hetzelfde duidelijke plaatje heeft van hoe de toekomst eruitziet wanneer u gezamenlijk het doel hebt gerealiseerd.

Speel daarna de teamleden de bal toe. Stel een vraag en wacht af.

Hoe zouden we dit het beste kunnen aanpakken?

In de daaropvolgende discussie zullen zich enkele stappen op de weg naar succes uitkristalliseren.

Wel, het papierwerk moet georganiseerd worden.

Jawel, en de afdeling boekhouding moet weten waarmee we bezig zijn, want het gaat ook hen aan.

Het belangrijkste is misschien wel dat we goede locaties voor de machines vinden en de stroomvoorziening regelen.

De geopperde ideeën kunnen omgezet worden in procesdoelen, meer gedetailleerde stappen op de weg naar het einddoel. Procesdoelen zijn een essentieel vertrekpunt en worden vaak schriftelijk vastgelegd, bijvoorbeeld:

Het procesdoel is... (specificeer precies wat er moet gebeuren) ... *op...* (de datum dat het klaar moet zijn).

Mogelijk moet u echter iets meer specificeren dan louter het procesdoel als zodanig. Bent u ooit op een vergadering geweest waar men begon te bekvechten toen u Jan vroeg hoe het stond met iets

– in de veronderstelling dat hij het afhandelde – en Jan daarop opmerkte dat Piet had gezegd dat hij het wel zou regelen? Piet weet op zijn beurt absoluut zeker dat de klus aan Marie was gegeven... die beweert er niets van te weten. Zo ja, dan weet u dat het een tijdrovende energieverspilling is.

Of nu individuele medewerkers of kleinere teams binnen het grote team bepaalde stappen zullen afhandelen, op de een of andere manier moeten alle teamleden weten wat henzelf en wat alle anderen te doen staat en wat de condities – deadlines, beschikbare middelen, enz. – zijn. Enkele eenvoudige vraagwoorden kunnen hier helpen:

- Wat?
- Waarom?
- Wie?
- Hoe?
- Waar?
- Wanneer?

Overweeg om een eenvoudig formulier met die vragen te ontwerpen, zodat u voor alle stappen onderweg, voor elk procesdoel, kunt specificeren wat er bereikt moet worden en op welk moment. Zo vermijdt u niet alleen verwarring in het begin, maar beschikt u daardoor tevens over een ijkpunt voor de vooruitgang die wordt geboekt. Wanneer het er bij tussentijdse evaluatie naar uitziet dat een belangrijke stap niet gerealiseerd zal worden, kunt u tijdig corrigerende maatregelen nemen.

Samenvatting

Vandaag, dinsdag, bent u meer te weten gekomen over twee van de sleutelfacetten van teams: uw leiderschap en de richting waarin het team gaat. Vermoedelijk hebt u alles nog niet helemaal op een rijtje staan, maar maak u niet druk: daar is de zaterdag voor. Dan gaat u alles bij elkaar brengen en evalueren hoe u en uw team ervoor staan.

Morgen nemen we een ander sleutelthema onder handen: de rol die anderen in het team moeten spelen, zodat ze hun deel van de last dragen en u in uw leidinggevende rol ondersteunen.

De som der delen...

Vandaag staan we stil bij de rol die de diverse leden in het team spelen, niet alleen hun rol als specialist, maar ook die als teamspeler. Een team is niet louter een aantal personen bij elkaar. Het is een machine die als een afgerond geheel functioneert bij de gratie van een scala van componenten en onderdelen. In het team zijn die componenten de mensen.

Vergelijk het met een fiets. Een fiets 'werkt' dankzij een heleboel verschillende componenten: wielen, pedalen, een frame, handvatten, enz. Bepaalde componenten zorgen voor verfraaiing, andere, zoals het zadel, moeten in de eerste plaats uw gemak dienen. De ketting is daarentegen hoogstwaarschijnlijk letterlijk een smeerboel en u maakt er liever niet uw handen aan vuil. Maar zonder ketting komt u niet ver op de fiets.

Met de teamsamenstelling is het hetzelfde. Bepaalde leden spelen een rol die u goed ligt en met andere kunt u nauwelijks tot niet overweg.

Voor een team omvat dit de twee volgende aspecten:

- Het juiste mengsel van technische capaciteiten: **wat** de teamleden ieder voor zich doen als specialist.
- Het juiste mengsel van teamvaardigheden: **hoe** zij te werk gaan en daardoor een nuttige bijdrage aan het teamproces leveren.

De juiste technische samenstelling

Dit komt erop neer dat het team alle specialistische capaciteiten in zich verenigt die nodig kunnen zijn voor het afwikkelen van de technische facetten die zich op weg naar het doel (kunnen) voordoen.

Actiepunt

Als u een team moest samenstellen om het braakliggende terrein voor het hoofdkantoor om te toveren tot een aantrekkelijke tuin, wat voor soort technische vaardigheden zou u dan proberen te verenigen in uw team?

U zou vermoedelijk in uw team medewerkers willen opnemen met kennis van zaken aangaande:

- tuinaanleg, zodat u op hun expertise kunt terugvallen wat de beplanting en juiste bodemcondities betreft.
- machines, zodat het graven afgehandeld wordt door ie-

mand die weet welke machine gebruikt moet worden en die ze kan bedienen.

- elektriciteit en bedrading voor het regelen van de stroomvoorziening voor de verlichting en de fontein.
- loodgieterswerk voor het aanleggen van de watertoevoer.
- financiën om te helpen met het in de gaten houden van de kosten en het budget.

Maar misschien zijn niet al die specialisten beschikbaar. Dan zult u moeten schipperen en de naar omstandigheden best mogelijke samenstelling proberen te vinden. Zo is het leven. Niemand heeft beloofd dat alles volmaakt zou zijn. Mogelijk kunt u bijvoorbeeld niet beschikken over specialisten op het terrein van machinerie, elektrotechniek of loodgieterswerk. In dat geval kunt u iemand bij het team halen die ervaring heeft met het werken met aannemers van buitenaf. Hoe u het ook allemaal precies invult, de uiteindelijke teamsamenstelling zal naar mogelijkheid optimaal zijn: zowel logisch als effectief.

Daarmee is het niet gedaan

Prima, u hebt nu zes of zeven personen met specialistische capaciteiten tegelijkertijd op dezelfde plaats verenigd. Zijn ze daarmee een team? Nog niet. Zo stond het ervoor toen u net begon, op zondag.

Wat maakt hen tot een team? Hun samenwerking aan een gemeenschappelijk doel – opnieuw de basisdefinitie. De door u geselecteerde medewerkers moeten weten wat het totale project inhoudt en zich persoonlijk en gezamenlijk verantwoordelijk voelen voor het realiseren van het einddoel. Ieder van hen is er niet louter bijgehaald omdat hij een graafmachine kan besturen, een waterleiding kan aanleggen of een rekenknobbel heeft. Ze zijn er om iets anders bij te dragen: de magie die individuele leden tot een team maakt.

Milchester Rovers – Engeland 1-0

Bobby Robson, de bekende Engelse voetbalcoach, werd eens op televisie gevraagd wat de belangrijkste verschillen waren tussen het coachen van een club en het nationale voetbalelftal.

Zijn voornaamste punt was dat op clubniveau de afzonderlijke spelers niet per se de beste specialisten – keeper, verdedigers, aanvallers – van de wereld waren. Maar ze kenden elkaar, werkten samen aan strategieën en voelden instinctief aan wat een ander in een bepaalde situatie zou doen. Die teamdimensie voegde een extra waarde toe aan de capaciteiten die ze al bezaten. Er was geen plaats voor een 'ster' die niet in het team paste.

Hoewel hij op nationaal niveau over de beste spelers van het land beschikte, waren ze slechts een paar dagen bij elkaar en was het veel en veel moeilijker om de extra magie te bewerkstelligen waardoor ze als een echt team zouden opereren.

Terug naar uw tuinteam. Als u uw teamleden het doel uiteenzet – in zes maanden een aantrekkelijke tuin aanleggen binnen een bepaald budget – en hun daarna de vrije hand geeft om de tussenliggende stappen, de procesdoelen, te bedenken, is de kans groot dat ieder automatisch zijn natuurlijke technische rol oppakt. De financiële expert zal niet vragen of iemand anders de cijfertjes voor zijn rekening neemt, zodat hij zelf de graafmachine kan bedienen. Evenmin zal de hovenier voorstellen dat een ander de beplanting maar regelt, omdat hij zelf liever de bedrading doet. Ieder weet wat hem te doen staat.

Het 'wat' van de teamrollen regelt zich dus eigenlijk zelf, indien u de juiste mensen kiest. Het 'hoe' daarentegen vraagt wel wat meer aandacht.

De juiste teamsamenstelling

Hier gaat het om wat de individuele teamleden ieder bijdragen aan het bereiken van succes van het team. Wat voor verschil maken hun gedrag en hun benadering voor de manier waarop het team functioneert?

Actiepunt

Als u een assistent mocht benoemen, zou u dan iemand kiezen die precies hetzelfde was als u of iemand die verschilt van u? Waarom?

Woensdag

Veel mensen kiezen als directe medewerker iemand die op hen lijkt: ze klonen zichzelf. Het maakt het leven een stuk gemakkelijker en betekent dat er altijd een ander is die de dingen van min of meer hetzelfde standpunt bekijkt. Maar dat is niet de beste aanpak. Het draait erop uit dat twee mensen dezelfde dingen doen en niemand de hiaten vult.

Als u daarentegen kiest voor een assistent die van u verschilt, kunt u iemand nemen die:

- de dingen doet waaraan u een hekel hebt.
- de leemten opvult waar u uzelf niet honderd procent competent acht.
- u aanvult in de dingen waarin u goed bent.
- een eigen rol speelt in plaats van die van u te dupliceren.
- ideeën en besluiten vanuit een andere invalshoek bekijkt.

Niemand kan goed in alles zijn. Er zijn geen sportteams waarin alle spelers onderling uitwisselbaar zijn en even vaardig in aanvallen als in verdedigen.

Een effectief team is samengesteld uit personen met hun eigen sterke en zwakke kanten, en het geheim van de leider is een team op de been te brengen waarin alle mogelijke zwakke punten op de een of andere manier opgevangen worden, zodat het team over de hele linie sterk is. Per definitie betekent dit dat u klonen vermijdt en ervoor zorgt dat er enkele sterk verschillende karakters in het team verenigd zijn. Waarmee zeker niet is gezegd dat zij het van meet af aan goed met elkaar zullen kunnen vinden.

Het is belangrijk dat u als leider mensen uitkiest die beantwoorden aan enkele klassieke rolpatronen in een effectief en afgerond team. In een reeds bestaand team zou u ernaar moeten streven de rollen in die richting om te buigen. Een uitgebalanceerd team vertoont de volgende rolbezetting:

De creatieve denker

Deze persoon komt met de nodige buitenissige en geniale ideeën op de proppen, soms natuurlijk net wanneer u wel iets anders aan uw hoofd hebt! Zijn op volle toeren draaiende hersenen lijken voortdurend gespitst te zijn op het vinden van originele benaderingen om iets te doen. Niet dat hij altijd even goed is in de praktische uitvoering van zijn ideeën en het daarbij in het oog houden van de details, maar waar zou het team zijn zonder briljante ideeën en invallen?

De doener

Hier hebben we iemand die nooit zelf met een nieuw idee op de proppen komt, maar andermans idee oppakt en het verwezenlijkt. Hij werkt rustig de details uit en zorgt ervoor dat de dingen zeker gedaan worden. Gegeven zijn rol moet hij weten hoe het resultaat eruit zou kunnen zien alvorens hij eraan begint, maar eenmaal aan de slag, verzet hij bergen werk en regelt de praktische realisatie. Deze figuur is vanzelfsprekend van een geheel ander slag dan de creatieve denker, maar ze zullen uitstekend samen kunnen werken zolang ze maar in hetzelfde team zitten en aan dezelfde doelen werken.

De opjutter
Dit is degene die voortdurend op zijn horloge kijkt en u eraan herinnert dat er nog maar een half uur rest en er nog zoveel te doen is. Hij dringt aan op actie en verafschuwt al dat denken en plannen. Dit is een nuttige rol, want het helpt de vaart erin te houden, maar kan beslist ook ergernis wekken bij de andere teamleden, die bijvoorbeeld het detail of het creatieve proces als zodanig koesteren.

De nuchtere pietlut
Midden in een hoogdravende discussie over de wijze waarop een procesdoel verwezenlijkt kan worden, kijkt de pietlut op van zijn feiten en zegt dat u het zich niet kunt veroorloven, omdat het anders door het domino-effect meer werk elders betekent. Hij laat u met een smak terug op aarde komen. Zelf staat hij altijd stevig met beide benen op de grond en wijst op de praktische kanten, problemen en moeilijkheden. Dat kan buitengewoon irritant zijn als u zelf van het type creatieve denker bent, maar het voorkomt dat het team luchtkastelen bouwt.

De vereffenaar
Dit is doorgaans iemand die gruwt van conflict en geruzie en daarom probeert te bemiddelen tussen tegengestelde groeperingen. Hij geeft oprecht om de leden van het team en doet er alles aan om het iedereen naar de zin te maken, ook al is het enigszins on-

realistisch. De vereffenaar fungeert als een soort van spiegel, die iedereen eraan herinnert toch vooral beschaafd en menselijk te blijven, en speelt daardoor een waardevolle rol in het team als geheel.

De stekel
Dit is iemand die iedereen van tijd tot tijd ronduit grof, kwetsend en lomp vindt. Hij gaat rechtstreeks de confrontatie aan en brengt daarbij allerhande morele en praktische argumenten te berde om uit te leggen waarom hij er bij voorbaat al niet eens aan wil beginnen! Eén ding staat vast, en dat is dat de teambesprekingen er in ieder geval levendig aan toe gaan en dat de adrenaline rijkelijk stroomt. Wat op zich een waardevol alternatief is voor het gezapig meedrijven op de stroom. Hoewel hij door zijn gedrag zijn collega's kan beledigen, ergeren en intimideren, is zijn bijdrage dikwijls zeer nuttig. Daar staat weer tegenover dat zijn inbreng nogal eens genegeerd wordt, omdat de anderen in hun boosheid over de stekel niet eens meer willen luisteren naar wat hij eigenlijk te zeggen heeft.

De dirigent
Dit is degene die overal de vinger aan de pols houdt en ervoor zorgt dat iedereen in de maat loopt. De dirigent leidt de teambesprekingen en waakt erover dat iedereen de kans heeft om zijn zegje te doen. Hij houdt in de gaten hoe de zaken lopen, evalueert wat er gezegd is en maakt van tijd tot tijd de stand van zaken op. Zonder zijn competente voorzitterschap zijn besprekingen misschien een gebed zonder einde en krijgen de rustiger typen, zoals bijvoorbeeld de pietlut, wellicht nooit de kans er in de bespreking tussen te komen, waarna ze het op een gegeven moment maar opgeven.

Actiepunt

Noteer de namen van de medewerkers in een team dat u leidt. Haal ze voor de geest en analyseer hun gedrag. Wie speelt welke van de bovengenoemde rollen?

Hopelijk is het redelijk verdeeld. Noch te veel van het ene type, noch niets van het andere is wenselijk, want met een verkeerde samenstelling heeft het team enerzijds bepaalde zwakke plekken en is het anderzijds op sommige terreinen overbezet. Het team zal gewoon niet in balans zijn.

Een mogelijk probleem is dat u misschien niet zelf het team hebt kunnen samenstellen: u moet het doen met wat u aantreft. In dat geval is het eens te meer cruciaal dat u de teamrollen bespreekt met de betrokkenen en uitzoekt of er verborgen talenten zijn, die u kunt aanboren om de hiaten in het geheel te delgen. Een belangrijk facet daarbij is dat u de hele kwestie onder de aandacht van het team brengt en de andere leden helpt in te zien dat iemand geen slechte teamspeler is alleen maar omdat hij zich anders gedraagt en opstelt.

Dat is vooral van belang bij sommige van de 'teampersonages'. Iedereen doen inzien dat bijvoorbeeld de stekel niet louter een vervelende lastpost is, maar iemand van wie uiteindelijk het hele team profijt heeft, is zeker niet altijd gemakkelijk, maar loont de moeite. U kunt de teamleden de verschillende teamrollen beschrijven en vragen hoe ze er zelf tegenaan kijken. Dat zet hen ertoe aan erover na te denken en te praten en kweekt samenhorigheid.

En als iemand een betere dirigent blijkt te zijn dan uzelf, waarom zou u hem dan niet bepaalde vergaderingen laten voorzitten? Dat is voor velen wellicht een te radicale suggestie, want het voorzitterschap komt traditioneel immers toe aan de persoon die het hoogste in de rangorde staat. Maar als u van nature eerder een creatieve denker of opjutter bent, bestaat het gevaar dat u en het team er in twee opzichten bij inschieten als u het niet doet:

1 Het is moeilijker om het proces effectief te sturen en u haalt niet het beste uit de rest van het team; de resultaten die de dirigent zou moeten behalen, blijven simpelweg uit.

2 Uw persoonlijke aangeboren talenten gaan verloren of verwateren in ieder geval als u probeert een rol te vervullen waaraan u een hekel hebt, terwijl een ander met een natuurtalent ervoor er maar wat bij zit en iets probeert te doen wat hem niet ligt... of er misschien zelfs wel het bijltje bij neergooit.

Samenvatting

Aan het onderwerp van vandaag zitten een heleboel aspecten vast. We hebben gezien dat het samenstellen van het team niet louter een kwestie is van het bijeenbrengen van het juiste aantal mensen. Doorslaggevend is het juiste mengsel van capaciteiten, gedrag en opstelling. Al niet minder cruciaal is dat alle teamleden beseffen dat ieder zijn nuttige rol binnen het geheel te spelen heeft. In dat groeiproces fungeert u, de teamleider, als een katalysator die de overige teamleden doet inzien dat al die verschillen de vooruitgang van het team geenszins blokkeren, maar juist ten goede komen.

Om eerlijk te zijn...

Weet u nog wat u op maandag hebt gelezen?

> In een voortreffelijk team kunnen alle leden zeggen wat ze denken of vinden, zonder anderen de grond in te boren of zelf afgesnauwd te worden.

Teams bestaan uit mensen, en mensen zijn emotioneel

Met het teamgebeuren zijn vanzelfsprekend emotionele kanten verbonden. Een team moet kunnen opereren in een klimaat van wederzijdse steun en vertrouwen, zodat het nooit zover komt dat een verschil van mening een persoonlijke kwestie wordt, ook al staan twee teamleden in hun opvattingen lijnrecht tegenover elkaar. Evenzo moet een teamlid, wanneer het zich gekwetst of teleurgesteld voelt, vrijuit kunnen zeggen wat het denkt en vindt en aanhoord worden. Dat betekent nog niet dat iedereen het met hem eens is, maar een openhartige uitwisseling van meningen, zienswijzen, waarden en ideeën is altijd gezond en constructief.

Donderdag

Mensen leveren pas een waardevolle bijdrage wanneer ze zich gewaardeerd voelen en er naar hen geluisterd wordt, ook al krijgen ze lang niet altijd hun zin. Ze moeten het gevoel hebben dat ze belangrijk zijn voor anderen.

Actiepunt

Denk terug aan een vergadering waar iemand meesmuilend deed over een door u geopperd idee of u gewoon compleet negeerde. Of misschien probeerde u iets uit te leggen en praatte een ander erdoorheen. Hoe voelde u zich toen? Veranderde het nadien iets aan uw gevoelens ten aanzien van het team en uw opstelling?

Hoogstwaarschijnlijk werd u gegrepen door sterke emoties: woede, haat, frustratie en een verlangen om het betaald te zetten. Of misschien zuchtte u eens en gaf u het verder maar op. Voor een succesvol team is geen van beide reacties nuttig en wenselijk, want de volgende natuurlijke reactie is dat u zich voorneemt ofwel de volgende keer helemaal niets te zeggen of uw gelijk te halen. Maar u bent niet de enige met zulke gevoelens. Iedereen heeft ze, vooral typen als de vereffenaar, de doener en de pietlut.

De communicatiekloof

Zonder een klimaat van vertrouwen en respect kan er een communicatiekloof ontstaan, waardoor de teamleden ophouden met effectief communiceren. In plaats daarvan:

- houden ze hun mond, waardoor ze zich gefrustreerd en buitengesloten voelen en het team als geheel hun inbreng aan ideeën en zienswijzen moet ontberen.

- kroppen ze hun emoties op, die hoe langer hoe meer aan hen beginnen te vreten. Dat leidt tot wederzijdse afkeer en wantrouwen, wat weer blijkt uit behoedzaam gedrag en negatieve lichaamstaal.
- trekken ze zonder verder iets te zeggen hun plan, wat kan indruisen tegen hetgeen de rest van het team nastreeft.

U snapt het al: de onvrede neemt epidemische trekken aan, en waar het echt om gaat, raakt steeds verder buiten beeld. Help daarom te voorkomen dat er een communicatiekloof groeit. Alleen dan blijven uw teamleden zich in het team gewaardeerd en thuis voelen. En alleen als ze tevreden zijn met zichzelf en hun inbreng, zullen ze als team te werk gaan en niet als een groep.

Een belangrijke tip: werk altijd – zoals de manager in het volgende voorbeeld – meteen vanaf het begin aan teambuilding. Daardoor kunt u goede gewoonten aanmoedigen, wat een stuk gemakkelijker en plezieriger is dan op een gegeven moment ingeslopen, hardnekkige slechte gewoonten te moeten uitroeien.

Schipbreuk

De marketingmanager van een klein verpakkingsbedrijf stelde een klein projectteam samen. Iedereen kende elkaar al van een vorig project, dat allesbehalve vlot verlopen was. De marketingmanager vroeg het hoofd personeelszaken en trainingen bij de eerste bijeenkomst aanwezig te zijn en enkele tips te geven voor het aanmoedigen van de teamgeest.

Het hoofd personeelszaken besteedde het eerste uur van de bijeenkomst aan een oefening – een scenario waarin het team schipbreuk had geleden en moest samenwerken aan een reddingsstrategie – u kent het concept vast wel. Toen hij naderhand doornam hoe ze het aangepakt hadden en waarom ze op een stra-

tegie waren uitgekomen die hun dood betekende, gaf hij het volgende commentaar. Om *te beginnen, zei hij, zat het helemaal mis met de balans in het team: drie opjutters, één vereffenaar, een creatieve denker – toevallig de marketingmanager zelf – en een stekel.* Niemand *trad op als dirigent en leidde het proces in goede banen.*

De *opjutters hadden geprobeerd de touwtjes in handen te nemen en een gooi naar de macht gedaan, de discussies afkappend en iedereen, vooral de rustiger typen, belettend hun zegje te doen.* De *stekel had zich nergens mee bemoeid.*

De *opjutters zeiden naderhand dat de anderen dan maar hun mond hadden moeten opentrekken als ze iets hadden willen zeggen.* Dat *schoot bij de rustiger teamleden in het verkeerde keelgat. Ze merkten op dat ze wel degelijk geprobeerd hadden ertussen te komen, maar elke keer genegeerd waren of te horen gekregen hadden dat ze moesten wachten of het verkeerd hadden.* Dus *hadden ze het maar opgegeven en de boel de boel gelaten.* De *stekel zei uitsluitend dat het een puinhoop was en dat hij er niets mee te maken wenste te hebben.* De *opmerkingen over en weer werden hoe langer hoe persoonlijker en kwetsender: 'jij luistert verdomme nooit, brulaap dat je bent', en 'mensen als jij moeten gestuurd worden door een sterker iemand zoals ik, want anders kom je nooit ergens'.*

Nu is de essentie van dit voorbeeld niet of het betrokken team tot de juiste oplossing was gekomen. Dat was, het mag duidelijk zijn, niet het geval, en dit zegt alles over hoe het team te werk ging. Het had weliswaar alsnog bij toeval bij de juiste oplossing kunnen uitkomen, maar dat is niet de manier om een effectief team te leiden. Het gaat erom hoe de teamleden zich tegenover elkaar gedroegen. Ze hadden aan elkaars kant moeten staan en eendrachtig moeten samenwerken om zichzelf en de collega's te redden van een zeemansgraf.

In plaats daarvan tuimelden ze recht in de communicatiekloof.

Actiepunt

Roept dit voorbeeld herinneringen aan uw eigen ervaringen op? Naar alle waarschijnlijkheid wel. Denk daarom eens na over hoe het gedrag van teamleden moet veranderen, zodat ze echt als een team samenwerken.

Het antwoord is eenvoudig: ze moeten zich weerhouden van alles wat tot de communicatiekloof kan leiden. Anders gezegd, ze dienen zich te houden aan de punten van de onderstaande checklist.

Het vermijden van de communicatiekloof

- Luister naar elkaars inbreng en onthoud dat luisteren een actief proces is. Het is niet hetzelfde als wachten tot men zelf aan de beurt is.
- Bedenk dat u niet de enige bent met gevoelens die gekwetst kunnen worden. Dat gebeurt met iedereen; plaats

u daarom in andermans situatie, vat het niet persoonlijk op en word zelf ook niet persoonlijk.

- Besef dat alle andere teamleden belangrijk zijn en een rol vervullen binnen het team, dat de stekel evengoed een positieve bijdrage levert en een rustiger type aangemoedigd moet worden om te zeggen wat hij ervan vindt.
- Houd het feitelijk en speel niet op de man. Als u het oneens bent met een zienswijze, zeg dan niet: 'Dat is stom', maar: 'Ik ben het daar niet mee eens'.
- Geef geen lik op stuk, maar denk mee: zet niet meteen een persoonlijke tegenaanval in, maar denk rustig eventjes na, vooral als het iemand betreft van wie de teamrol sterk verschilt van de uwe.

Nu is dit, toegegeven, allemaal makkelijker gezegd dan gedaan. Er zijn enkele essentiële stappen die het team moet zetten, wilt u zover komen dat alle teamleden effectief communiceren en de communicatiekloof vermeden wordt.

Effectief communiceren in vier stappen

Het gaat om de volgende vier stappen:

1. Maak het team duidelijk dat er gevaren loeren of dat er ruimte voor verbetering is.
2. Stel iedereen verantwoordelijk voor het eigen doen en laten in het team.
3. Stel gezamenlijk enkele spelregels op waarmee iedereen instemt.
4. Waak erover dat iedereen zich aan de regels houdt en wijs erop bij verzuim.

Alle vier de stappen zijn even essentieel
U moet alle vier de punten afwerken. Het is van cruciaal belang dat iedereen precies begrijpt welke gevaren er loeren en dat elk teamlid zich er verantwoordelijk voor voelt. Wanneer de teamleden dan samen manieren uitwerken om te voorkomen dat er problemen rijzen, is het *hun* oplossing voor *hun* probleem in *hun* team en raakt het hen dus persoonlijk. Als u *uw* oplossing probeert op te dringen, voelen ze zich niet verantwoordelijk, ook al is het dan misschien precies dezelfde oplossing als waarop ze zelf gekomen zouden zijn! Dat is huis-, tuin-, en keukenpsychologie, maar daardoor geenszins minder waar en dus belangrijk.

Stappen 1 en 2
Met betrekking tot de stappen 1 en 2 kunt u hetzij op uw eentje, hetzij met de hulp van degenen die uw training verzorgen:

- de kwestie van openheid, eerlijkheid en vertrouwen in teams onder de aandacht brengen, bijvoorbeeld zoals in dit boek gebeurt.

- het team een gesimuleerde taak opdragen. Daar zijn tal van publicaties over, maar u kunt natuurlijk ook uw eigen scenario bedenken, bijvoorbeeld de herinrichting van de parkeerplaats of het ontwerpen van een nieuw formulier of systeem.
- de oefening op video opnemen. Als alternatief kunt u een van de teamleden vragen als observator op te treden en aan de hand van de checklist bij te houden hoe het verloopt.
- trefwoorden op een bord noteren als u na afloop teamleden individueel vraagt
  - wat er gebeurd is
  - hoe ze zich er emotioneel bij voelen/voelden en waarom
  - wat volgens hen goed ging
  - wat volgens hen mis ging
- de videoband afdraaien of de observator commentaar laten geven, waarna u ernaar toe werkt dat iedereen inziet welke punten voor verbetering vatbaar zijn.

Gegarandeerd gaan er enkele dingen goed, en het zijn juist deze dingen die belangrijk zijn. Als u uw feedback begint met op te merken wat goed is gegaan, is men veel meer bereid te luisteren naar wat er misging.

Nog zekerder is het dat er dingen fout lopen: voorbeelden van de communicatiekloof. Wanneer u het zo speelt dat het team die zelf vaststelt, zal het gemotiveerder zijn om, uiteraard samen met u, te werken aan de verbetering van wat fout gaat.

Stap 3

Herinnert u zich nog de tip om bij het opstarten van een team meteen met het teambuildingproces te beginnen? Deze stap vormt daar een belangrijk element in: u laat het team zelf enkele spelregels opstellen alvorens het losbarst in gedetailleerde en mogelijk zelfs verhitte discussies over de echte en belangrijke taken.

U tracht het team zelf de eigen spelregels te laten opstellen, maar u kunt dit met enkele suggesties zelf op gang brengen. Met de volgende opsomming van rechten en plichten kunt u de bal aan het rollen brengen:

Iedereen in dit team heeft het recht om:

- zijn mening en zienswijze te geven, hoe ongeliefd hij of zij misschien ook is.
- zonder interruptie en met respect aangehoord te worden.
- nee of ja te zeggen zonder zich schuldig te voelen.
- van gedachten te veranderen.
- te zeggen dat hij het niet weet of niet begrijpt.

Iedereen in dit team is verplicht om:

- te aanvaarden dat andere mensen verschillend, maar toch gelijk zijn.
- zich te gedragen zoals het hoort.
- de sterke en niet de zwakke kanten in andere mensen te zoeken.
- te luisteren naar de mening van anderen.
- te vermijden iemand emotioneel te kwetsen.

Het opstellen van een dergelijke lijst van rechten en plichten is één manier om voor iedereen duidelijke spelregels vast te stellen.

Donderdag

Een andere benadering is het omschrijven van het gepaste gedrag, bijvoorbeeld:

- Wanneer iemand spreekt, luisteren alle anderen totdat hij klaar is.
- Iemand die iets wil zeggen, moet daartoe de kans krijgen zonder dat anderen ertussen komen.
- Iedereen meent altijd wat hij zegt en gebruikt bewoordingen als 'ik vind' of 'ik denk' in plaats van 'wij vinden' of 'zo is het'. Dat stelt de spreker verantwoordelijk voor wat hij zegt en helpt hem exact te formuleren wat hij bedoelt.

Nadat de spelregels eenmaal opgesteld zijn en iedereen ermee ingestemd heeft, beschikt u over een stel richtsnoeren om het teamproces vanaf dan in goede banen te leiden en waar nodig in te grijpen.

Stap 4
Hier zijn twee niveaus te onderscheiden: direct en reflectief. Van het directe niveau is bijvoorbeeld sprake bij teambesprekingen waarbij de dirigent – u of iemand anders – het proces nauwlettend in de gaten houdt en iemand die de regels overtreedt tot de orde roept. Tijdens besprekingen kan het eenvoudig een kwestie zijn dat u iets zegt in de trant van:

Babs, wacht eventjes, Saskia is nog niet uitgesproken.
Babs, momentje. Saskia, ik had de indruk dat je iets wilde gaan zeggen?

Omdat u de regels van iedereen hanteert, zal er weinig vijandigheid en nauwelijks of zelfs geen ruzie zijn.

Op het reflectieve niveau evalueert u met enkele van de technieken uit stap 1 en 2 wat er gebeurd is, zodat u doorgaat met leren en blijft werken aan het verbeteren van de gang van zaken. Dit is in een notendop het thema van zaterdag.

Zoals bij alle eerder besproken onderwerpen hebben we het vandaag niet over iets dat bij de eerste de beste poging meteen voor eens en altijd geregeld is. Het vergt tijd en moeite, vooral als het niet de normale gang van zaken binnen uw organisatie is.

De bedrijfscultuur

Maar wat als u een open, eerlijk en elkaar onderling vertrouwend team probeert op te zetten binnen een organisatie waarin dat domweg niet de heersende cultuur is? Wat doet u als er grote barrières tussen de afdelingen bestaan en het klimaat er een van verwijten maken en ongezonde interne competitie is, de soort cultuur waarin het 'managementteam' niets anders is dan een strijdperk voor afdelingshoofden?

Vertel hun niet het hele verhaal, want anders weten ze evenveel als wij.

We hebben de anderen op de vergadering mooi te grazen genomen: hun budget gaat omlaag en het onze omhoog.

Stuur hun maar een memootje, dan hebben we dat ook weer gehad.

Actiepunt

Zijn opmerkingen als bovenstaande schering en inslag in uw werkomgeving? Hoe werkt dat dan door in uw eigen team, vooral als het samengesteld is uit medewerkers die afkomstig zijn van verschillende afdelingen binnen de organisatie?

U doet er goed aan zich te realiseren dat de leden van uw team van nature een stuk achterdochtiger zullen zijn ten aanzien van een open en eerlijke benadering als ze dit soort cultuur niet gewend zijn. Er kan dan meer tijd overheen gaan voordat iedereen elkaar durft te vertrouwen. Bedenk ook dat het weinig zin heeft om te proberen iets te veranderen wat toch niet te veranderen valt. Op uw eentje zult u de bedrijfscultuur niet op haar kop zetten.

Daar staat tegenover dat u wel degelijk het gedrag van uw teamleden kunt veranderen. Concentreer u daarop en vergeet de bedrijfscultuur. Op een gegeven moment zal hetgeen u in uw team hebt bereikt vanzelf model staan voor wat er met de juiste benadering allemaal mogelijk is. En dan hebt u uw steentje bijgedragen aan het veranderen van de rest van de wereld.

Samenvatting

Vandaag hebben we het gehad over de personen in het team. Er loeren heel wat valkuilen wanneer verschillende karakters bij elkaar gezet worden, maar met een zorgvuldige voorbereiding en begeleiding kunnen die omzeild en persoonlijke botsingen vermeden worden. Daarvoor hebben we een vier stappen omvattende procedure opgesteld, die de communicatiekloof helpt vermijden. Niet alleen de individuele karakters kunnen de nodige problemen geven, ook de heersende cultuur binnen de organisatie kan voor problemen zorgen. Realiseer u dat u de *bedrijfscultuur* misschien niet van de ene op de andere dag kunt veranderen, maar dat het werken aan uw *teamcultuur* de doorslaggevende eerste stap in de goede richting kan zijn.

Het punt van openheid, eerlijkheid, vertrouwen en respect is wellicht het moeilijkst van al, simpelweg omdat het alles te maken heeft met communiceren en omdat iedereen van zichzelf vindt dat hij redelijk goed communiceert. Dat wordt vaak bekrachtigd door de manier waarop procedures worden opgesteld, het onderwerp voor morgen.

Het is niet wat u doet...

Tot dusver hebben we deze week vastgesteld dat teams speciaal zijn en dat:

- ze staan of vallen met een efficiënte leiding en duidelijke doelen.
- ze sterk verschillende capaciteiten bundelen.
- een open en eerlijke communicatie cruciaal is.

Vandaag behandelen we een onderwerp dat op al die zaken voortbouwt: de manier waarop het team aan het verwezenlijken van zijn eind- en procesdoelen werkt door middel van procedures voor discussie en besluitvorming. Het wordt een praktische dag, boordevol ideeën en activiteiten die u kunt gebruiken voor het ontwikkelen van procedures die op maat van uw team gesneden zijn.

Het is belangrijk om werkwijzen te volgen die bij het team passen en voortborduren op al het werk dat u met uw team tot dusver verricht hebt. Idealiter benutten de procedures van een team zo optimaal mogelijk alle beschikbare capaciteiten en stimuleren de betrokkenheid van de teamleden. Even belangrijk is eraan te werken dat ze zich niet elke keer tot u als hun teamleider richten wanneer er een besluit genomen of een werkplan opgesteld moet worden. Met de juiste procedures heeft ieder zijn aandeel waar het om ideeën en besluitvorming gaat. De drie technieken die we vandaag bespreken, kunnen dat proces op gang brengen.

Wie enthousiast is, presteert beter. Om honderd procent effectief te zijn, dient een procedure in een team niet alleen zinvol en nuttig te zijn, maar ook bevredigend, zelfs leuk om te doen. U kunt dat aan uw team demonstreren door het bij wijze van 'gezelschapsspelletjes' de volgende teamtechnieken te laten uitvoeren.

Twee weten meer dan één

Een van de voordelen van teams is de stroom van ideeën die wordt gegenereerd doordat de een de ander 'aansteekt'. Na het samenstellen van een team:

- met het juiste mengsel van capaciteiten,
- dat weet wat het te doen staat,
- waaraan u – niet als de 'baas', maar tussen uw collega's in staand – efficiënt leiding geeft,
- waarin een open en eerlijke communicatie vanzelfsprekend is,

beschikt u over alle componenten voor een techniek die 'brainstormen' wordt genoemd en een geweldig creatief instrument kan zijn. De techniek bewijst eveneens goede diensten wanneer u alle mogelijke oorzaken van een probleem op het spoor probeert te komen of naar een oplossing ervoor zoekt.

■ Vrijdag

Brainstormen

Brainstormen is een techniek waarvan u waarschijnlijk wel eens gehoord hebt. Dit creatieve instrument doorbreekt de beperkende benadering en manier van denken waarop zoveel van ons onderwijs en veel managementtechnieken gericht zijn: het vinden van het enige juiste antwoord. Vaak zijn er verschillende mogelijke antwoorden, en voordat u besluit welke daarvan het juiste is in uw situatie is het wenselijk zoveel mogelijk opties te krijgen.

Soms denkt men dat brainstormen niet veel meer is dan een groep mensen in het wilde weg ideeën laten spuien. Voor een juist verloop dient men zich echter aan bepaalde regels te houden die garanderen dat dit creatieve instrument vruchten afwerpt.

Regels voor brainstormen
Specificeer een probleem of vraag ondubbelzinnig en vergewis u ervan dat iedereen er hetzelfde onder verstaat. Wijs vervolgens iemand aan die naast een flip-over of bord gaat staan en als rapporteur en controleur optreedt. Zijn belangrijkste taak is het opschrijven van wat iedereen zegt, zonder er ook maar een letter aan te wijzigen. Ook al zeggen twee mensen bijna hetzelfde, dan schrijft hij nog beide opmerkingen op. Zijn tweede taak is erover te waken dat de volgende regels nageleefd worden.

Fase 1 De deelnemers spuien hun invallen, het maakt niet uit hoe krankjorum ze misschien ook klinken.

Niemand mag bekritiseren of loven wat een ander oppert. Er wordt kennis van genomen zoals het geformuleerd is, en een beoordeling van de geschiktheid of haalbaarheid blijft achterwege. (Dit is een belangrijke regel waarop de controleur dient te letten.)

Wat er ook geroepen wordt, het wordt *woordelijk* zo opgeschreven.

Fase 2 Aan het eind van de eerste fase staat het bord vol met ideeën. De rapporteur stuurt nu het team bij het groeperen van de ideeën met een gemeenschappelijke noemer. In het onderstaande voorbeeld zou één zo'n groep bijvoorbeeld kunnen bestaan uit alle ideeën voor het gebruik van een paperclip als instrument.

Fase 3 Het team neemt de ideeën door en beslist gezamenlijk welke volslagen onrealistisch zijn. Die worden telkens uitgewist of doorgestreept. De overblijvende ideeën worden vervolgens besproken en geëvalueerd aan de hand van de criteria die het team voor de taak heeft opgesteld. Uiteindelijk blijft er een aantal mogelijke ideeën over, die verder uitgezift kunnen worden tot een of twee reële, werkbare opties.

Behalve dat dit proces alle in het team beschikbare creativiteit aanboort, heeft het het grote voordeel dat het uiteindelijke resultaat uit het team zelf voortkomt en de instemming van alle teamleden heeft.

Actiepunt

Bestudeer de regels goed, zodat u het 'spelletje' morgen met uw team kunt doen met een voorbeeld dat altijd weer aanslaat: wat voor gebruiksmogelijkheden zijn er voor een paperclip?

De resultaten kunnen tamelijk verbluffend zijn, zoals u zelf zult zien wanneer u het probeert. Doordat de teamleden aangemoedigd worden buiten de normale 'logische' banen te denken en de een de ander op een idee brengt, voltrekt zich een creatief proces dat uiterst vruchtbaar kan zijn. En misschien nog wel het belangrijkste is dat het hele team meedenkt en alle leden zich even betrokken en gemotiveerd voelen.

Een andere methode die eraan bijdraagt dat de teamleden de informatie en kennis die ze – soms zonder het zelf te beseffen – bezitten met elkaar uitwisselen, is een techniek die we 'collage' noemen, daar ze een totaalbeeld opbouwt uit verschillende stukken materiaal.

Collage

Deze procedure kent twee fasen, eerst individueel en daarna samen met het team. Desgewenst kunt u alleen de tweede fase doen, maar het inbouwen van de eerste fase zal beslist lonend zijn.

Regels voor collage

1 Stel tien feitelijke vragen op over een onderwerp waarvan iedereen wel iets af weet, bijvoorbeeld popmuziek in de jaren tachtig of de verkeersregels.

2 Probeer er enkele samengestelde vragen tussen te stoppen, zodat men sommige onderdelen goed kan hebben, maar niet de hele vraag.
3 Maak voor elk teamlid een blad met vragen en een blad voor de beantwoording klaar.
4 Laat ieder eerst de vragen alleen beantwoorden, zonder overleg en binnen een redelijke tijdslimiet.
5 Laat hen daarna gezamenlijk de antwoorden uitwerken waarmee het hele team instemt. Trek daar wat meer tijd voor uit (discussiëren duurt langer).
6 Geef tot slot de juiste antwoorden en laat hen de persoonlijke antwoorden en die van het team als geheel daarmee vergelijken. Wees streng bij de puntentelling: alleen een absoluut juist antwoord scoort.

Onveranderlijk heeft het team veel meer vragen goed dan ieder afzonderlijk, behalve dan in het zeldzame geval dat er een expert op het terrein tussen zit. Als u het team vraagt wat dit aantoont, zult u dingen te horen krijgen als:

We komen tot betere antwoorden als we onze kennis samenvoegen.

Wat hij zei, was bijna goed en bracht me op het juiste antwoord.

Ik vind het niet erg om mijn kennis met hen te delen – het werkt beide kanten op.

Actiepunt

Begin alvast met het uitwerken van enkele vragen – en de antwoorden –, zodat u de oefening morgen met het team kunt doen.

■ Vrijdag

De collagetechniek bevordert dat de teamleden alle relevante informatie waarover ze beschikken aanboren en bundelen. Evenals het brainstormen kan het verrassende resultaten opleveren.

Dat had ik nooit verwacht...

Een team van taxichauffeurs ging met deze techniek vragen over het verkeersreglement te lijf. In het team zat ook de 17-jarige dochter van de eigenaar van het bedrijf, die de radio bediende.

De chauffeurs verwachtten overduidelijk dat het meisje er niet veel van zou bakken en ze gedroegen zich enigszins snoeverig, zo niet denigrerend. Bij het nakijken van de antwoorden bleek zij echter de hoogste score te hebben en gaven de chauffeurs ruiterlijk toe dat de hoge score van het team voor een groot deel aan haar te danken was.

Ze hadden het nooit verwacht. De moraal van het verhaal: ga er nooit van uit dat iemand toch geen waardevolle bijdrage kan leveren alleen maar omdat u een bepaald stereotiep beeld van hem of haar hebt.

Terwijl de chauffeurs veel vergeten waren van wat ze eens geweten hadden, was het meisje net hard aan het blokken voor haar voor de deur staand examen.

Feiten en beslissingen zijn zodoende vermoedelijk van betere kwaliteit wanneer een team de collagetechniek gebruikt, omdat dan meer mensen meedenken en informatie op basis van hun eigen kennis en ervaring aandragen.

Soms echter blijft een goed antwoord buiten beeld doordat het ergens bedolven is onder een massa irrelevante en triviale details. Een procedure die in een dergelijk geval uitkomst kan bieden, is een teamtechniek die we 'informatie-overlast' noemen.

Informatie-overlast

Met behulp van deze techniek gaat het team niet alleen inzien hoe er met informatie wordt omgesprongen, maar ze biedt tevens de kans om naar kwesties zoals de communicatiekloof te kijken.

U kunt desgewenst zelf het te gebruiken materiaal samenstellen, maar om tijd te besparen, vindt u hieronder een uitgewerkt voorbeeld. Het is bedoeld voor zeven personen, zodat elk van hen drie stukken materiaal krijgt. Met acht of negen mensen in uw team kunt u enkele teamleden twee brokken informatie geven. Als alternatief kunt u één of meer teamleden laten optreden als observators, die dan na afloop hun commentaar op de gang van zaken geven. Bij minder dan zeven personen verdeelt u de extra stukken informatie over het team. Ieder dient er ongeveer evenveel te krijgen.

Omdat u weet hoe de vork in de steel zit, doet u zelf niet mee.

Regels voor informatie-overlast
Typ (of print) voor elk lid van het team de volgende instructie.

■ Vrijdag

Op dinsdag 4 maart vertrokken klokslag 6 uur in het dorp Baarle zeventig mensen op weg naar hun vrijetijdsbesteding. Hoeveel van hen bezochten de hypnotiseur?

Schrijf vervolgens de verschillende brokstukken informatie van de volgende bladzijde op aparte kaartjes.

Schud de kaartjes goed en deel ze willekeurig uit aan de teamleden. Hun opdracht is het beantwoorden van de vraag in de instructie. Zelf leunt u eens lekker achterover.

De enige vrijetijdsbestedingen op dinsdag zijn voetballen, karate en een evenement dat toevallig in het Dorpshuis plaatsvindt.	Dinsdagavond is het trainingsavond voor het eerste elftal van FC Baarle en de twee reserves.
Jansen is aannemer en bezit een pick-up.	In het Dorpshuis is er vanavond een talkshow.
De Posthoorn bevindt zich 400 meter van het Dorpshuis.	Alle evenementen in het Dorpshuis beginnen stipt om 7 uur.
De trainer van FC Baarle woont in het dorp.	Het voetbalelftal verkeert in degradatienood.
Het Dorpshuis is in 1923 gebouwd dankzij een welwillende schenking.	De karateclub bereidt zich voor op een internationale wedstrijd.

De drie die naar de kroeg gingen, vertrokken gezamenlijk om 6.45 uur.	De voetbaltrainer heeft in het grijze verleden voor Real Madrid gespeeld.
De aankondiger in het Dorpshuis is een hypnotiseur.	De hypnotiseur heeft drie kleinkinderen.
In het dorp woont geen hypnotiseur.	Hypnotiseren is een oeroude kunst.
De Bruin en De Koning slaan op dinsdag nooit hun karateclub, om 7.15 uur, over.	Jansen, De Bruin en De Koning arriveerden om 6.15 bij De Posthoorn en stapten naar binnen.
Jansen keek er al weken naar uit de hypnotiseur te zien.	De Posthoorn staat in de Grote Kroegengids.
Baarle telt 2234 inwoners.	

■ Vrijdag

Het antwoord is feitelijk heel eenvoudig, namelijk 54. Van de 70 mensen gaan De Bruin en De Koning naar karate en de trainer plus elf spelers en twee reserves naar de voetbaltraining. Bij het zoeken naar het antwoord zal zich echter van alles en nog wat afspelen in het team, bijvoorbeeld:

- De teamleden barsten direct los en schreeuwen om het hardst wat op hun kaartjes staat, zonder te overleggen hoe ze de opdracht gaan aanpakken. Dat demonstreert dat ze een dirigent nodig hebben die erover waakt dat het doel duidelijk is en de procedures nageleefd worden.
- Ze negeren iemands losse flodder over hoe ze te werk zouden moeten gaan.
- Ze spreiden de nodige voorbeelden van de communicatiekloof ten toon.
- Ze oordelen over wat ze veronderstellen dat irrelevante informatie is, zonder deugdelijke beoordelingscriteria te hanteren.
- Ze peinzen zich suf over wat echt irrelevante informatie is, bang als ze zijn iets over het hoofd te zien.
- Ze realiseren zich na enkele minuten dat ze een structuur nodig hebben, waarna iemand het voortouw zal nemen en de procedures naar hun logische conclusie leidt.

Als een van de punten achterwege blijft bij uw team, mag u hen en uzelf feliciteren. Deze punten komen steevast voor in *groepen*. Nadat ze één keer het proces doorlopen hebben, doen *teams* het daarentegen veelal de volgende keer stukken beter. Teams leren van hun fouten, mits ze in de gelegenheid zijn om te evalueren wat er gebeurd is.

Samenvatting

De vandaag besproken technieken helpen enkele duidelijke procedures voor het team op te stellen. Morgen brengen we alle facetten die we tot dusver bekeken hebben samen en evalueren we op basis daarvan samen met het team hoe het ervoor staat en wat het moet doen om verder te komen (lees: nog beter te worden). Als bepaalde aspecten of technieken die we eerder deze week hebben besproken u nog niet helemaal duidelijk zijn, kunt u het beste de desbetreffende passages nog eens nalezen en uw geheugen opfrissen, zodat u er morgen helemaal klaar voor bent.

We kunnen het beter doen

Vandaag brengen we alle facetten en onderwerpen van de afgelopen week bij elkaar en gaan daarmee naar het team. Het eerste waar we vandaag naar kijken, is een soort landkaart, die u van de wegwijzers voorziet in het zo cruciale proces waarmee het allemaal begint: het vaststellen van waar u zich nu bevindt en waar u wilt komen, en vervolgens het uitzoeken van hoe het beter kan gaan. Wanneer u eenmaal zelf een duidelijk beeld voor ogen hebt, kunt u met gebruikmaking van dezelfde landkaart de rest van het team meenemen op dezelfde reis.

Later op de dag zult u zien hoe belangrijk het is om, nadat de eerste teambuildingfase is opgestart, nauwlettend in de gaten te houden hoe de zaken verder verlopen, zodat u eventueel kleine correcties kunt aanbrengen die het team helpen zich verder te ontwikkelen.

Zijn we goed of zijn we goed?!

Sterker nog, u en uw team zijn misschien wel keigoed, maar de vraag impliceert zelfvoldaanheid en tevredenheid met de stand van zaken. Een betere vraag is dan ook: 'Hoe goed beantwoorden we aan de kwaliteitsnorm die we nastreven?' De kwaliteitsnorm voor teams is het ideale team dat op de ideale manier te werk gaat – en u weet na de afgelopen week wat daarbij allemaal komt kijken.

Tenzij u er zelf van overtuigd bent dat uw team al de opperste volmaaktheid heeft bereikt, is er altijd ruimte voor verbetering. Als u gelooft dat er echt niets te verbeteren valt, bent u ofwel (a) een bofkont, (b) een dermate efficiënte teamleider dat u dit boek eigenlijk niet had hoeven open te slaan, of (c) uzelf voor de gek aan het houden.

Bij alle ontwikkelingen die in de managementwereld momenteel in de kijker staan, zijn kwaliteit en teams centrale begrippen. De noodzaak van een effectief team staat telkens weer hoog op de lijst van essentiële factoren.

Een ander punt dat elke keer weer naar voren komt, is dat het bij kwaliteit gaat om continue verbetering en niet om een eenmalige goede prestatie en het daar verder bij te laten. U kunt het altijd beter doen!

Anders geformuleerd, er is een kringloop van vragen die u beantwoord moet hebben als u aan de verbetering van de kwaliteit van uw team wilt werken.

Waar zouden we moeten zijn?

Hoe overbruggen we ze? Waar staan we nu?

Wat is de kloof?

Waar zouden we moeten zijn?

Aan de beantwoording van deze vraag bent u begonnen door het werk dat u verricht hebt met betrekking tot:

- leiding geven
- doelen
- teamrollen
- openheid en eerlijkheid
- procedures

Welke resultaten zou het team behaald moeten hebben?
Dit is gemakkelijk te verifiëren, zolang u enkele procesdoelen inbouwt als ijkpunt voor het meten van de resultaten. Een doel als:

Eind augustus moet het ontwerp voor de tuin af zijn.

laat niets aan duidelijkheid te wensen over. Het is af of het is niet af. In alle procesdoelen zou een dergelijk meetpunt ingebouwd moeten zijn.

Omdat dat gemakkelijker is, en omdat het er bij een team in de eerste plaats op aankomt het in zijn ontwikkeling te sturen terwijl het nog jong en vormbaar is, leggen we de rest van de dag de nadruk op het proces, dus niet op het 'wat' maar op het 'hoe'.

Hoe zou het team moeten functioneren?
Hoe het team te werk gaat, is moeilijk te kwantificeren, maar met wat u inmiddels weet over het hoe en wat van een succesvol team, beschikt u over de best denkbare kwaliteitsnorm. Deze norm is weliswaar niet te meten in termen van getallen of productspecificaties, maar voldoet wel aan de zogenoemde 'olifantsproef'.

Het is nagenoeg onmogelijk om een olifant te beschrijven, maar u weet hoe het dier eruitziet en herkent het wanneer u er een ziet.

De olifantsproef is hier meer dan voldoende. Ze voorziet u van een mentaal model van hoe uw team eruit zou zien als het elke keer alles volmaakt goed zou doen.

Waar staan we nu?

Hier begon u op maandag naar te kijken, toen u aan het eind de checklist afwerkte en enkele eerste prioriteiten stelde. U maakte toen een algemene balans op van alle belangrijke aspecten, waarna in de volgende dagen elk aspect afzonderlijk aan bod kwam.

Actiepunt

Houd voor uw team een praatje over het algemene overzicht van maandag, geef alle teamleden een kopie van de checklist en laat hen die afwerken. Bedenk dat ze, in dit stadium, vermoedelijk de details van elke factor nog niet echt overzien. Het gaat er op dit moment alleen om dat u een globaal idee krijgt van wat iedereen zelf vindt hoe het team ervoor staat.

Wat is de kloof?

Het beantwoorden van deze vraag zal weinig problemen opleveren. Uitgaande van de scores die iedereen behaalt, kunt u gezamenlijk vaststellen waar de prioriteiten liggen. Daarmee weet u meteen waar de grootste kloven gapen.

Vanzelfsprekend zullen de teamleden verschillen in hun kijk op de zaken, zodat een open discussie waarschijnlijk de aangewezen weg is. Eén mogelijke reden voor sterk uiteenlopende scores is hoogstwaarschijnlijk dat ieder de woorden op zijn eigen manier interpreteert.

Om een einde te maken aan alle verwarring is het dan wellicht nodig dat u gedetailleerder op elk punt ingaat. Mochten de standpunten daarna nog steeds sterk verschillen, dan vraagt u de teamleden het voorlopig daarbij te laten. Leg uit dat ze later opnieuw de kans krijgen om de checklist door te lopen, nadat ze te weten zijn gekomen wat elke factor precies inhoudt.

Hoe overbruggen we de kloof?

Als eerste stap controleert u nog eens of alle punten op de lijst waarvan het lijkt dat er geen aandacht aan besteed hoeft te worden, ook inderdaad in orde zijn. Houd er rekening mee dat de teamleden zich in dit stadium nog niet beziggehouden hebben met de factor openheid en eerlijkheid en ze daarom mogelijk zeggen dat u een briljant leider bent, alleen omdat ze denken dat zoiets nu eenmaal van hen verwacht wordt. En evenzo beschouwt u zichzelf misschien als één tussen de anderen, maar als u een stuk ouder of veel hoger in rang bent, zullen de anderen altijd in het achterhoofd hebben dat u de baas bent. Stel daarom enkele dieper spittende vragen alvorens te beslissen dat een factor gezond genoeg is om voorlopig te laten rusten.

Hebt u eenmaal vastgesteld wat de belangrijkste prioriteit is, dan kunt u als teamleider voor de rest van het team uiteenzetten wat daar allemaal aan vastzit, waarbij u kunt terugvallen op het werk dat u deze week hebt verricht.

■ Zaterdag

Als u terugkijkt, ziet u dat we u elke dag gevraagd hebben iets te doen. Nu kunt u uw team vragen hetzelfde te doen. De achterliggende gedachte is telkens geweest u niet alleen een beter idee van het wel en wee van teams te geven, maar u ook enkele instrumenten aan te reiken waarmee u uw opgedane kennis en inzichten kunt overbrengen op de rest van het team.

Naast het materiaal uit dit boek hebt u nog enkele opties. U kunt bijvoorbeeld:

- het team vragen zelf met oplossingen en voorstellen voor verbetering te komen.
- een consulent vragen het teambuildingproces te begeleiden.
- een van de talloze teambuildingpakketten kopen die er op de markt te verkrijgen zijn.

Op naar een 10 *met een griffel*!
Het maakt niet echt uit waar u begint. Zijn er verschillende prioriteiten, dan kunt u waarschijnlijk het beste eerst het punt van de teamrollen bij de hoorns vatten, omdat dit een onderwerp is dat automatisch iedereen in het proces betrekt en de discussie aanzwengelt. Of u kunt beginnen met procedures, omdat u sinds gisteren over een aantal kant en klare oefeningen beschikt.

Daar staat weer tegenover dat u, als u met openheid en eerlijkheid begint, eerst de spelregels kunt vaststellen alvorens iets anders aan te pakken. U ziet het: er bestaan geen altijd geldende regels. Het hangt er volkomen van af hoe uw team er op dit moment voor staat. Het enige wat telt, is dat u domweg ergens begint en niet tot in het oneindige blijft analyseren op zoek naar het enige goede antwoord – dat tóch niet bestaat. Zet 'm op!

Terug naar het begin
Nadat u alle belangrijke zaken hebt doorgenomen, pakt u er de oorspronkelijke checklist weer bij en vraagt de teamleden die nog eens door te lopen om te zien of ze misschien op andere gedachten zijn gekomen. Zo kunt u controleren of de in eerste instantie vastgestelde prioriteiten inderdaad juist zijn of mogelijk nog wat bijgesteld moeten worden, zodat u zeker weet dat u uw energie gebruikt waar het het hardst nodig is. Het kan betekenen dat u terug naar af moet om eventuele misverstanden uit de weg te ruimen, maar dat kan beter nu meteen gebeuren dan de zaak te laten aanslepen.

Controle en evaluatie

U hebt inmiddels de eerste stap gezet en bent samen met het team nagegaan waar het nu staat en waar het wil komen. U hebt vastgesteld waar er een kloof gaapt en een actieplan voor het overbruggen daarvan opgesteld.

Maar dat is niet meer dan het begin. Zoals een opgroeiend kind ontwikkelt het team zich verder op weg naar, hopelijk, de volwassenheid. Er is echter nog een lange weg af te leggen. Het ontwikkelingsproces dient nauwlettend in de gaten gehouden en bijgestuurd te worden, want anders blijft het team wellicht ergens onderweg steken.

Gevaarlijke resultaten
Het team gaat aan het werk en richt zich op het realiseren van zijn eind- en procesdoelen. Op dit punt loert het gevaar dat het 'wat', de resultaten, alle aandacht opslorpt ten koste van het 'hoe', het proces.

■ Zaterdag

Een andere kringloop is hier nuttig. Met drie eenvoudige vragen kunt u op eender welk moment vlug en efficiënt de vooruitgang evalueren.

Wat is er gebeurd? → Waarom? → Hoe gaan we verder? → Wat is er gebeurd?

Feitelijk hebben we deze kringloop deze week al de nodige malen doorlopen, bijvoorbeeld wanneer we voorstelden een observator aan te wijzen en hem naderhand commentaar te laten geven. Deze keer evenwel stellen en beantwoorden de teamleden de vragen zelf.

Een variant is dat u het 'Wat is er gebeurd?' opsplitst in twee subvragen:

- Wat is er goed gegaan?
- Wat is er fout gegaan?

Ter illustratie enkele voorbeelden. Eerst iets dat goed ging.

Teamevaluatie

Wat is er goed gegaan?

We zijn eensgezind tot een beslissing gekomen, hoewel een paar van ons in eerste instantie niet stonden te springen voor de uiteindelijk gevonden oplossing.

Waarom?

Omdat we beseften dat we het samen moeten doen en tot het best mogelijke compromis dienen te komen. We hebben enkele grote geschilpunten overwonnen die ons in het verleden genekt zouden hebben.

Hoe gaan we verder?

Allereerst vieren we dit succes, en de volgende keer doen we het opnieuw.

Er zitten hier een paar belangrijke feiten in:

- Het is waardevol om successen te vieren, omdat het
  - bevestigt dat het goed gaat en het team de juiste weg volgt
  - iedereen een goed gevoel geeft
  - iedereen motiveert.
- Het is waardevol om vast te stellen dat iets goed is gegaan en dus voor herhaling vatbaar is.

Teamevaluatie

Wat is er fout gegaan?

Dirk onttrok zich aan de discussie over het tijdschema.

Waarom?

Clarissa en David snauwden hem af en wilden niet naar zijn standpunt luisteren. Het was al laat geworden en we waren allemaal wat moe.

Hoe gaan we verder?
Anja moet, als dirigent, eerder ingrijpen in dergelijke situaties. Clarissa en David moeten zich aan de spelregels houden, evenals Dirk, die assertiever had moeten zijn. Verder moeten we voortaan enkele korte pauzes inlassen, zodat we niet allemaal zo gestresst raken.

Het gebruik van een eenvoudige en korte evaluatietechniek als deze garandeert dat al uw moeite niet voor niets is geweest en vruchten blijft afwerpen.

Het opbouwen van een team, en zeker ook het handhaven van de kwaliteit daarvan, is niet gemakkelijk en gebeurt niet uit zichzelf, maar als u iedereen erover laat meedenken in welke opzichten er nog iets te verbeteren valt en hoe dat te realiseren is, kunt u er zeker van zijn dat u en de andere teamleden deel uitmaken van een succesvol team.

Samenvatting

Vandaag hebben we alle onderwerpen en facetten die deze week besproken werden bij elkaar gebracht. Nu begint het echte werk: het in de praktijk brengen van dit alles. Houd uw prioriteiten in het oog en blijf vastberaden uw koers volgen!

Besef, tot slot, dat het continu evalueren van de vooruitgang en van teambesluiten de beste garantie is dat uw team zich kwalitatief verder blijft ontwikkelen. Het kan altijd beter!